Wolfgang Kaleck / Miriam Saage-Maaß
Unternehmen vor Gericht

Wolfgang Kaleck
Miriam Saage-Maaß

Unternehmen vor Gericht

Globale Kämpfe für Menschenrechte

Verlag Klaus Wagenbach   Berlin

Wagenbachs Taschenbuch 748
Originalausgabe

Politik bei Wagenbach   Herausgegeben von Patrizia Nanz

© 2016 Verlag Klaus Wagenbach, Emser Straße 40/41, 10719 Berlin
Umschlaggestaltung / Reihenkonzept: Julie August, Berlin. Gesetzt
aus der Meridien und der Imago von Sebastian Maiwind, Berlin.
Vorsatzpapier von Schabert, Strullendorf. Gedruckt auf chlor- und
säurefreiem Papier (Schleipen) und gebunden bei Pustet, Regensburg.
Printed in Germany. Alle Rechte vorbehalten.
ISBN: 978 3 8031 2748 8

Inhalt

»Zwei zum Scheitern verurteilte Denkweisen bestimmen unsere Öffentlichkeit: auf der einen Seite marktwirtschaftlicher Konsens und universelle Kommerzialisierung, auf der anderen Seite eine verkrampfte Rückbesinnung auf Identität und Nation, die gegen diese Globalisierung einen reaktionären Damm errichten will.«

Alain Badiou

I. Einleitung

Am 30. September 2014 stürzte sich der 24-jährige Wanderarbeiter Lu Lizhi von einem Hochhaus zu Tode – im chinesischen Shenzhen, der 30-Millionen-Stadt im Perlflussdelta.[1] Hier nahm der industrielle Aufschwung in den 1980er Jahren seinen Anfang, hier befindet sich die neue Werkbank der Welt, wo unsere iPhones, Kindles und Playstations in knallharter Fließbandarbeit gefertigt werden. Lu Lizhi arbeitete bei Foxconn, dem auf paramilitärische Weise von dem Taiwanesen Terry Gou geführten Unternehmen, das alleine in China über eine Million ArbeiterInnen beschäftigt. Seine ersten Schritte in der Stadt beschrieb er in einem Gedicht:

> *Vor vielen Jahren*
> *Betrat er diese aufblühende Stadt*
> *Auf dem Rücken sein Bündel*
> *Voller Mut und Kraft*

---

[1] Die Geschichte von Lu Lizhi wurde von verschiedenen westlichen Medien aufgegriffen, wir nehmen hier Bezug auf den Artikel von Kai Strittmatter, *Süddeutsche Zeitung* vom 21.06.2015.

Vier Jahre lang arbeitete er bei Foxconn; geprägt von dem Erlebnis der Selbstmordserie von 2010, die mindestens 14 Menschen das Leben gekostet hatte, war er bald deutlich gezeichnet von seinem Arbeitsleben:

Eine Schraube fällt zu Boden
In dieser Nacht der Überstunden
Fällt schnurgerade
Mit einem leisen Pling
Keiner wird aufblicken
So wie beim letzten Mal
Als in einer Nacht wie dieser
Ein Mensch zu Boden fiel

Im Zusammenhang mit Wirtschaftsaktivitäten transnationaler Unternehmen ereignen sich immer wieder menschengemachte Katastrophen wie die Explosion einer Fabrik des US-Chemiekonzerns Union Carbide im indischen Bhopal 1984, die Hinrichtung des nigerianischen Umweltaktivisten Ken Saro-Wiwa wegen seines Widerstandes gegen die Verschmutzung des Niger-Deltas durch Shell 1994 und das Blutvergießen in den Diamantenminen von Sierra Leone und Liberia im darauffolgenden Jahrzehnt. Unternehmen können die Lebenswirklichkeit von Menschen auf vielfältige Weise negativ beeinflussen: Wenn sie beispielsweise ohne Einbeziehung der betroffenen Bevölkerung Rohstoffe in den Anden abbauen oder Palmölplantagen in Afrika und Asien betreiben, schädigen sie deren Gesundheit und ihre natürlichen Lebensgrundlagen. Einige Unternehmen beteiligen sich sehenden Auges an der staatlichen und paramilitärischen Repression gegen Gewerkschafter und soziale Bewegungen und missachten damit grundlegende Menschenrechte wie das Recht auf Leben und körperliche Unversehrtheit. Auch die kollektiven wirtschaftlichen und sozialen Menschenrechte wie das Recht auf Nahrung, Wasser und angemessenes Wohnen werden von transnationalen Unternehmen verletzt.

Dieser Essay stellt die Aktivitäten transnationaler Unternehmen in den Vordergrund, weil sie wesentliche Akteure der globalisierten Weltwirtschaft sind. Dabei wissen wir sehr wohl, dass die Nationalstaaten, internationale Institutionen ebenso wie suprastaatliche Zusammenschlüsse, etwa die EU, hier ebenfalls Verantwortung übernehmen müssten.

Doch stimmt es, was Lu Lizhi schreibt, dass keiner aufblickt? Hat nicht in den letzten Jahren die Öffentlichkeit in Nordamerika und Westeuropa Anteil an dem Schicksal derer genommen, die für ihre Märkte Rohstoffe abbauen, Lebensmittel und Elektrowaren produzieren? Ging nicht ein Aufschrei durch die Öffentlichkeit in Deutschland, als im pakistanischen Karachi im Sommer 2012 Hunderte von FabrikarbeiterInnen in einem Feuer starben, während sie Textilien für das deutsche Handelsunternehmen KiK fertigten, oder als im April 2013 die zusammenstürzende Textilfabrik Rana Plaza in Bangladesch 1 113 Menschen unter sich begrub? Der deutsche Entwicklungshilfeminister Gerd Müller setzt sich seitdem für Standards ein. KiK wurde von den Familienangehörigen der pakistanischen Opfer im Frühjahr 2015 vor dem Landgericht Dortmund verklagt. Auf zahllosen Treffen und Konferenzen werden die Leitprinzipien für Wirtschaft und Menschenrechte der Vereinten Nationen von 2011 und deren Umsetzung zwischen Regierung, Unternehmen, Gewerkschaften und Zivilgesellschaft verhandelt. Sind diese Aktivitäten nicht Ausdruck gewachsener Solidarität, dafür, dass sich etwas ändert?

Oder ähneln sie eher den Maßnahmen, die Foxconn nach der Selbstmordserie von 2010 traf? Das Unternehmen ließ Fangnetze um seine Gebäude anbringen, damit keiner mehr in den Tod springen kann, genauer gesagt: damit keiner mehr auf dem Gelände des Multis hinabspringt.

Unter den Bedingungen unseres derzeitigen Wirtschaftssystems kommt es immer wieder zu Konflikten zwischen den Wirtschaftsinteressen transnationaler Unternehmen und den Menschenrechten der Betroffenen. Oft scheinen unauflösbare Widersprüche zwischen beiden zu bestehen. Selbst wenn es andere Beispiele geben mag, zielen Unternehmen auf die Erwirtschaftung von Profit. Unterstützt werden sie dabei von der Vorstellung des freien Marktes, welcher sich selbst reguliert und daher keiner Korrekturen von außen bedarf. Wer wie wir dafür plädiert, menschenrechtliche Regeln zu etablieren, versteht nach Auffassung vieler Unternehmensvertreter nichts von Wirtschaft. Damit ist bereits eine zentrale Auseinandersetzung benannt, die unseren Text durchzieht: hier der Versuch, Normen zum Schutz der Menschen und ihrer Umwelt sowie deren Durchsetzung zu etablieren, dort die herrschende Vorstellung vom deregulierten, weltweiten Freihandel, die Standards nur als freiwillig im Sinne der Corporate Social Responsibility akzeptiert.

Doch wer ist heute überhaupt noch in der Lage, zu regulieren, wenn Staaten wie internationale Institutionen zunehmend von Unternehmensinteressen dominiert werden? In den Industriestaaten des westlichen Europas waren es vor allem die Arbeiterbewegungen im 19. und 20. Jahrhundert und ihnen folgend soziale Bewegungen wie die AtomkraftgegnerInnen und UmweltschützerInnen, die politisch innerhalb der Nationalstaaten Arbeiterrechte und Umweltstandards erkämpften. Wenn Klassenkompromisse geschlossen wurden, konnte sich ein mehr oder weniger demokratischer rechtlicher Rahmen entwickeln. In Zeiten der großen Krisen und Kriege sieht dies schon anders aus. Kapitalistisches Wirtschaften war und ist nicht notwendigerweise an die politische Form der bürgerlich-demokratischen Gesellschaft gebunden. Auch im italienischen Faschismus, dem spanischen Frankismus oder dem deutschen Nationalsozialismus herrschte die kapitalistische Produktionsweise ebenso wie aktuell in einer Vielzahl autoritärer Regime. In solchen Situationen wurden und werden gewerkschaftliche Aktivitäten wie auch andere Organisations- und Protestformen zum Lebensrisiko.

Trotz der Wirtschafts- und Währungskrise, die Europa seit 2008 durchlebt, der zunehmenden Verlagerung von Entscheidungen auf technokratische und exekutive Instanzen und zahlreicher sozialer Einschränkungen sind wir zwar von diesen Zeiten der Rechtlosigkeit in Deutschland und Westeuropa ein gutes Stück entfernt. Aber das globale und digitalisierte Wirtschaften löst sich immer mehr aus den Bindungen an den Nationalstaat und an nationales Recht.

Im globalen Süden[2] stellt sich dies ohnehin anders dar: Während des Kolonialismus wurden Millionen Menschen umgebracht und Länder ausgeraubt. Die Deformierungen der Gesellschaften und Wirtschaften wirken sich bis heute aus – auch weil lokale Eliten nur den eigenen Vorteil suchen. In weiten Teilen Asiens herrschen trotz und wegen der gewaltigen Industrialisierungswelle bis heute immense soziale Ungleichheiten. Das Weltwirtschaftssystem hat in den letzten Jahrzehnten Strukturen etabliert und zementiert, die großen Teilen der Bevölkerungen des Südens soziale Menschenrechte wie das Recht auf Nahrung und Wasser, auf menschenwürdiges Wohnen, Gesundheit und Bildung vorenthalten. Neben diesen strukturellen Menschenrechtsverletzungen ereignen sich immer wieder Dramen wie die Ermordung von Gewerkschaftern in der argentinischen Militärdiktatur in den 1970er Jahren und im Bürgerkrieg Kolumbiens der 1990er und 2000er Jahre oder die Giftgas-Verklappung vor der Elfenbeinküste 2006.

Eine Internationale, die das Menschenrecht erkämpft, wie es in dem Kampflied der sozialistischen Arbeiterbewegung heißt, ist derzeit nicht in Sicht. Die großen Utopien scheinen nach dem Ende der 1968er-Bewegung, des realexistierenden Sozialismus und des Kalten Krieges nicht mehr realisierbar.

---

[2] Mit dem Begriff »globaler Süden« wird eine im globalen System benachteiligte gesellschaftliche, politische und ökonomische Position beschrieben. »Globaler Norden« hingegen steht für eine mit Vorteilen verbundene, privilegierte Position. Die Einteilung verweist auf die unterschiedliche Erfahrung mit Kolonialismus und Ausbeutung, einmal als Ausgebeutete und einmal als Profitierende. Sie ist auch, aber nicht ausschließlich geografisch gedacht.

Selbst in Ländern mit langjähriger gewerkschaftlicher Tradition wie Deutschland oder Großbritannien ringen die Gewerkschaften um ihren politischen Einfluss. Dennoch werden auch zukünftig lokal, national wie international aktive Gewerkschaften ein Motor im Kampf um Menschenrechte im Arbeitsleben sein. Zudem treten in den letzten Dekaden regionale soziale Bewegungen wie die brasilianische Landlosenorganisation MST und internationalistische Zusammenschlüsse von Entwicklungsorganisationen und Solidaritäts- und Menschenrechtsbewegungen den schädlichen Auswirkungen globalen Wirtschaftens im Süden entgegen. In jüngerer Zeit protestierten in Spanien und Griechenland Linke gegen die Folgen der Euro-Krise, die linken Parteien Syriza und Podemos gewannen Wahlen und politische Ämter.

Wir wollen im vorliegenden Buch den Zusammenhang zwischen diesen Protesten und juristischen Verfahren gegen Unternehmen darstellen. Zunächst fassen wir die Diskussion um transnationale Unternehmen und Menschenrechte zusammen. Der Diskurs darüber, welche Verantwortung Unternehmen für Menschenrechtsverletzungen tragen, die durch oder im Zusammenhang mit ihren wirtschaftlichen Aktivitäten im Ausland begangen werden, ist insbesondere in Europa und Nordamerika noch stark von der Idee freiwilligen sozialen Engagements (Corporate Social Responsibility) geprägt. Hiergegen setzen globalisierungskritische Bewegungen weltweit unterschiedliche Mittel des Widerstandes ein. Einer der Ansätze ist das Beharren auf rechtlich verbindliche Verpflichtungen für Unternehmen, menschenrechtliche Mindeststandards einzuhalten. Denn entgegen der Auffassung vieler gibt es international wie national Rechte, auf die sich Betroffene von Menschenrechtsverletzungen berufen können. Jedoch sind die Schwierigkeiten, die Betroffene erleben, wenn sie ihre Rechte gegen Unternehmen geltend machen, eklatant und offenbaren die Schwäche der Menschenrechte. Doch es sind die Anfänge einer internationalen Rechtspraxis zu erkennen, die noch unvollständig und von Rückschlägen gekennzeichnet ist. Strafanzeigen gegen deutsche Unternehmer wegen Vorfällen in Argentinien, Kongo oder Sudan sind wie die Zivilklage der pakistanischen TextilarbeiterInnen gegen KiK nach wie vor ungewöhnlich, auch für die unmittelbar beteiligten JuristInnen. Trotzdem ist klar, dass Betroffene und ihre Organisationen dem transnationalen Wirtschaften transnationale juristische Klagen entgegenhalten. Da sich Forschungsarbeiten zu diesem Thema bisher auf Einzelaspekte beschränken und keinen Gesamtüberblick bieten, erlauben wir uns, dieses juristische Vorgehen gegen Menschenrechtsverletzungen auf vergleichsweise allgemeinem Niveau zusammenzufassen und zumindest vorläufig zu bewerten. Wir drücken uns deswegen so vorsichtig aus, weil fast alle der hier angesprochenen rechtlichen Verfahren noch laufen und ihr Ausgang ungewiss ist. Im Übrigen wollen wir einen rechtspolitischen Ausblick geben. Denn es sind Gesetzesreformen notwendig, damit insbesondere die eklatante Schwäche der Durchsetzung menschenrechtlicher Ansprüche überwunden wird.

In unserer Darstellung konzentrieren wir uns auf die Auswirkungen wirtschaftlicher Aktivitäten vornehmlich westlicher Akteure im globalen Süden – auch weil dies zentraler Teil unserer beruflichen Tätigkeit beim »European Center for Constitutional and Human Rights« ist. In unserer 2007 gegründeten, in Berlin ansässigen juristischen Menschenrechtsorganisation bringen wir gemeinsam mit Gruppen aus dem globalen Süden systematisch Fälle von Menschenrechtsverletzungen vor Gericht, die staatliche wie nichtstaatliche Akteure innerhalb und außerhalb Europas begehen. Es entspricht unserer Sicht auf Menschenrechte, dass sie nicht länger nur die Rechte privilegierter, weißer Menschen sind, sondern wirklich und faktisch global für alle gelten.

Nicht die idealisierte Hoffnung auf einen Weltstaat oder »eine Zivilisierung der Welt durch das Recht« treibt uns. Vielmehr erscheint uns die Berufung auf die Menschenrechte deswegen bedeutsam, weil in ihnen ein Versprechen angelegt ist, ein utopisches Potential und ein politisches Programm: das der Gerechtigkeit. Diese geht weit über das geltende Recht hinaus, ist aber dennoch nicht losgelöst von ihm. Denn utopische Vorstellungen von Gerechtigkeit können ihren Niederschlag im positiven Recht finden und sich im nationalen Recht ebenso wie in internationalen Konventionen materialisieren. In den aktuellen juristischen Auseinandersetzungen, auf deren Schwächen wir im Detail eingehen werden, stellen sie wichtige Maßstäbe auf. Wir können die mitunter triste Realität an ihnen messen, konkrete Ungerechtigkeiten benennen und damit die herrschenden Weltverhältnisse in Frage stellen. Zwar kommen die Menschen auf diese Weise nicht unmittelbar zu ihren Rechten. Die politischen, sozialen und wirtschaftlichen Hierarchien sind oft zu Lasten der Menschenrechte gerade auch über das Wirtschaftsrecht zementiert. Abermillionen Menschen haben gar keinen Zugang zu einem rechtlichen Verfahren, in welchem sie ihre Menschenrechte geltend machen könnten. Im globalen Machtgefüge muss es also darum gehen, Gerechtigkeit und Ungerechtigkeit zu thematisieren, mit Hilfe sozialer Bewegungen Menschenrechte vom Juristischen ins Politische zu übersetzen und umgekehrt, positives Recht in laufenden Verfahren auszuschöpfen und durch Rechtsreformen Wirksamkeit zu verleihen und dabei immer auf weitergehende politische und ökonomische Veränderungen zu dringen. Wir sprechen also hier über Recht wie über Gerechtigkeit.

II. Die globalisierte Weltwirtschaft und ihre Folgen

Die im Folgenden beschriebenen rechtlichen Verfahren setzen sich mit solchen Auswüchsen globalisierten Wirtschaftens auseinander, die im juristischen Sprachgebrauch als Menschenrechts- oder Rechtsgutverletzungen bezeichnet werden. Mit den deswegen angestrengten Prozessen werden neben den Nationalstaaten vor allem transnationale Unternehmen und deren Führungspersonal in die Verantwortung genommen. Denn die Unternehmen werden von den KlägerInnen als die entscheidenden Protagonisten des globalen Kapitalismus mit seinen menschenverachtenden Konsequenzen identifiziert. Sie sind, jedenfalls theoretisch, auch rechtlich eher zu fassen als komplexe systemische Strukturen. Laut hergebrachter Definition basiert der Betrieb eines Unternehmens auf dem Privateigentum des Unternehmers, der zur Erzielung wirtschaftlicher Profite Waren produziert oder Dienstleistungen erbringt, und dies mit der Arbeitskraft anderer Menschen. Innerhalb des Unternehmens entsteht demnach private Herrschaft über Ressourcen und Menschen, wobei heute zumeist nicht mehr wie im 19. und frühen 20. Jahrhundert der Eigentümer das Unternehmen selbst leitet. Während des Fordismus, des Post-Fordismus und vor allem seit den 1990er Jahren hat sich die Organisation von Unternehmen flexibilisiert und die Rolle der EigentümerInnen gegenüber den ManagerInnen verändert. Insbesondere sind transnationale Unternehmen entstanden, die ihre Produktion, Forschung und Entwicklung wie auch Vermarktung prinzipiell weltweit ausrichten. Dennoch verändern sich die grundlegenden Dynamiken kaum. Auch das von ManagerInnen gesteuerte Unternehmen, welches über ein breites Netzwerk von Zulieferbetrieben, Joint Ventures und Tochterunternehmen weltweit produziert, bleibt auf die Erwirtschaftung von Gewinnen gerichtet, ungeachtet der menschlichen Kosten und Umweltbeeinträchtigungen. Unternehmen fehlt unter diesen Bedingungen die Fähigkeit und Bereitschaft, dem ökonomischen Zweck gegenläufige Gemeinwohlbelange und soziale Interessen zu berücksichtigen.

1. Entwicklung bis 1945

Die Globalisierung der Wirtschaft ist kein neues Phänomen: Seit den Anfängen des Kapitalismus breitet sie sich aus. Dafür stehen die englisch-ostindische Handelskompanie des 16. und 17. Jahrhunderts ebenso wie der transatlantische Handel mit SklavInnen aus Westafrika in die eine und mit Zucker, Rum und Baumwolle in die andere Richtung. Sven Beckert nennt diese erste Phase der gewaltsamen Unterdrückung der indigenen Bevölkerung, deren Enteignung und brutale Versklavung »Kriegskapitalismus«. Daraus entwickelte sich der zunächst von Europa, dann vom Nordatlantik dominierte Industriekapitalismus. Kapitalistische Produktionsmethoden weisen seit jeher die Tendenz auf, Mensch und Natur zu unterwerfen und auszubeuten. Die britische Baumwollindustrie unterstützte mit ihrem massiven Bedarf an Rohstoffen und billigen Arbeitskräften die Sklaverei und den weltweiten Sklavenhandel ebenso, wie sie für die Verelendung der britischen Arbeiterschaft sorgte. Es waren Unternehmen, flankiert von Staaten, die die millionenfache Ausbeutung von SklavInnen und ArbeiterInnen organisierten, um dadurch weltweit Gewinne zu erwirtschaften.

Diese Ausbeutung von Ressourcen und Arbeitskraft in den Kolonien, in Europa und Nordamerika ermöglichte diesen Unternehmen und den Staaten, die europäische Wirtschaft aufzubauen. Die Industrien des 19. und frühen 20. Jahrhunderts integrierten die Länder des Südens einseitig in die Weltwirtschaft. So ruinierte Großbritannien bewusst die indische

Textilproduktion, um mit dem Einsatz von mechanischen Webstühlen die heimische Produktion zu beleben und gleichzeitig Indien als Absatzmarkt zu sichern. Neben dem brutalen Raubbau in den Kolonien förderten die Regierungen der nordatlantischen Staaten die Entwicklung des Industriekapitalismus durch gezielte protektionistische Wirtschaftspolitiken. Der eigene Markt wurde durch Steuer- und Zollpolitik und andere Maßnahmen vor Interventionen durch ausländische Akteure geschützt. Erst als die jeweiligen europäischen Volkswirtschaften, insbesondere Großbritannien, sich auf hohem Niveau stabilisiert hatten, setzten die europäischen Staaten auf eine Verstärkung des Freihandels. Dieser Freihandel nutzte vornehmlich den Unternehmen dieser weiterentwickelten Volkswirtschaften. Zudem zementierte internationales Wirtschaftsrecht die neu entstandenen Machtverhältnisse. Die Kolonien wurden aus der Geltung des Völkerrechts ausgeschlossen und über unfaire Verträge wie Handelsabkommen im Status abhängiger Rohstofflieferanten und Absatzmärkte gehalten, ähnlich wie es heute als Folge von Freihandelsabkommen einigen Staaten des Südens ergeht.

Zwei Faktoren änderten die Situation in Europa und Nordamerika: Mit ihrer Organisierung und ihrer politischen Intervention erkämpfte sich die Arbeiterklasse bessere Arbeitsbedingungen und höhere Löhne. Damit wurden andere Teile der Welt als Produktionsstandorte attraktiv. Dazu kamen die Entkolonialisierung und der Aufstieg starker souveräner Staaten wie Indien und China nach 1945.

2. Entwicklung nach 1945:
Zum global vernetzten Weltwirtschaftssystem

Als Reaktion auf den Zweiten Weltkrieg und die Shoah, den einsetzenden Verlust der Vorherrschaft über die (ehemaligen) Kolonien sowie getrieben von der ideologischen Konfrontation des Kalten Krieges gründeten die westlichen Alliierten, insbesondere Großbritannien und die USA, verschiedene Institutionen der Vereinten Nationen. Hier sollten auf politischer Ebene internationale Konfliktlagen verhandelt werden, wobei die eigene Vormachtstellung auch über den Sicherheitsrat garantiert war.

Unter Führung der USA und Großbritanniens etablierte sich zudem ein Wirtschaftssystem, das auf die reibungslose und von Handelsbarrieren befreite Abwicklung des Welthandels abzielte. Dank der sogenannten Bretton-Woods-Institutionen (Weltbank und Internationaler Währungsfonds [IWF]) sollte nicht zuletzt im Interesse großer Unternehmen der weltweite Kapitalverkehr und das Handelssystem vorangetrieben werden. Außerdem sollte der Zugang zu den Rohstoffen der unabhängig werdenden Kolonien und die wirtschaftliche Dominanz der westlichen Staaten gesichert werden.

Zwar strukturierten die USA und Großbritannien nach 1945 die Weltwirtschaft im Interesse westlicher Industrienationen. Mit der »Allgemeinen Erklärung der Menschenrechte« von 1948 wurde aber auch deren Anerkennung zum Gründungsgedanken der Vereinten Nationen gemacht. Diese Rechte sollten das Individuum wie auch Kollektive vor Übergriffen des Staates schützen, beispielsweise durch das Verbot der Folter und das Recht auf gewerkschaftliche Interessenvertretung. Doch eine effektive Umsetzung der Menschenrechte war von Anfang an schwierig. Während es Staaten und Unternehmen bis heute gelingt, ihre wirtschaftlichen Interessen über völkerrechtliche Verträge und Beschwerdeinstanzen wie beispielsweise Schiedsgerichte abzusichern, sind sie selbst von jeder menschenrechtlichen Verpflichtung zunächst einmal ausgenommen, da nur Staaten formal an die Menschenrechtspakte gebunden sind.

3. Handel und Finanzkapitalismus
seit den 1980er Jahren

In den 1980er Jahren verstärkten vor allem Margaret Thatcher und Ronald Reagan neoliberale Wirtschaftspolitiken national wie international. Mit der Privatisierung von Staatsbetrieben und der öffentlichen Daseinsvorsorge, aber auch mit der systematischen Schwächung von Gewerkschaften und Arbeitnehmerrechten setzten sie auf die Dynamisierung der Produktionsprozesse. Damit veränderte sich die Organisation von Unternehmen. Das Modell des hierarchisch strukturierten Unternehmens ist zwar nach wie vor weit verbreitet, dennoch versuchen viele Konzerne seitdem, ihre Strukturen zu flexibilisieren. Mit sinkenden Kosten durch verbesserte Transportwege, dem Abbau von Handelshemmnissen und neuen Technologien, dem Toyotismus, also der besseren Nutzung von Arbeit, und nicht zuletzt mit den digitalen Kommunikationsmitteln können Unternehmen zunehmend ihre Produktionsstandorte weltweit verteilen oder ganz an selbständige dritte Unternehmen auslagern. Im Zuge der Liberalisierung der Kapital- und Finanzmärkte treten neue Akteure des Finanzkapitals wie HändlerInnen von Investment- und Pensionsfonds und Versicherungen auf. Für diese AnlegerInnen sind Unternehmen, genauer gesagt die Anteile an ihnen, eine handelbare Ware. Sie verfügen über erhebliche Macht gegenüber den börsennotierten Unternehmen, da sie durch kurzfristige An- oder Verkäufe von Aktien massive Einbußen beziehungsweise Gewinne der Aktienwerte verursachen können. Insofern haben die Interessen dieser AnlegerInnen bei Fragen der Unternehmensleitung erheblich an Gewicht gewonnen. Diese aktionärsorientierte Unternehmensführung bringt eine neue Managerelite hervor, die von einer hohen Übereinstimmung zwischen Eigen- und Unternehmensinteressen ausgeht und das Streben nach kurzfristiger Gewinnmaximierung ins Zentrum des eigenen Handelns rückt. Insofern stellt sich die Frage, ob die derzeitige Praxis, welche die im operativen Geschäft Tätigen in die rechtliche Verantwortung für Menschenrechtsverletzungen nimmt, zu kurz greift, da die Geschäftstätigkeit doch oft von den Gewinnerwartungen der Investoren, etwa der InvestmentbankerInnen, getrieben wird.

Mit dem Zusammenbruch der Sowjetunion und dem diagnostizierten »Ende der Geschichte« konnte sich die neoliberale Agenda in den Staaten des Nordens ungebremst durchsetzen. Der »Washington Consensus« konnte auf internationaler Ebene als der einzig wahre Weg der »Entwicklung« radikal zur Geltung gebracht werden. Mit diesem Begriff wird ein Bündel wirtschaftspolitischer Maßnahmen bezeichnet, die die ExpertInnen des IWF und der Weltbank im Geiste der neoliberalen Ansätze der Chicagoer Schule erstmals bei der lateinamerikanischen Schuldenkrise in den 1980er Jahren anwendeten. Die entwicklungspolitische Grundannahme war, dass »sich entwickelnde Staaten« des globalen Südens durch Privatinvestitionen und Exportzuwächse der Armut entrinnen könnten. Daher machte der IWF die Vergabe von Krediten von der Umsetzung bestimmter Strukturanpassungsprogramme abhängig. Diese umfassten insbesondere die Kürzung von Staatsausgaben, die Privatisierung öffentlicher Unternehmen und Einrichtungen, die Deregulierung der Märkte, die Liberalisierung der Handelspolitik und den Abbau von Subventionen.

Einigen Ländern wie den asiatischen »Tigerstaaten« (Südkorea, Taiwan, Singapur, Hongkong) oder Chile gelang Anfang der 1990er Jahre ein rasantes Wirtschaftswachstum, welches auf gezielte staatliche Wirtschaftspolitik zurückzuführen ist. Die Heilsversprechen des »Washington Consensus« gingen jedoch allzu oft nicht in Erfüllung. Vom IWF betriebene marktliberale Wirtschaftspolitiken dienten häufig nur den Interessen transnationaler Konzerne und westlicher Staaten. Sie führten seit den 1990er Jahren immer wieder zu verheerenden Zusammenbrüchen osteuropäischer, lateinamerikanischer und afrikanischer Volkswirtschaften, die auf den Status von Rohstofflieferanten und primitiven Produktionsstätten

reduziert wurden. Außerdem zeitigten die propagierten Frei-
handels- und Liberalisierungspolitiken fatale Folgen für die
Landwirtschaft und damit für die Lebensmittelversorgung
eines Großteils der Weltbevölkerung. Bis heute leben Millionen Menschen in ständigem Hunger oder sind akut man-
gelernährt. Gleichzeitig wird der Weltagrarhandel durch Ex-
portsubventionen der sogenannten Industrieländer zu deren
Gunsten verzerrt. Dies hat etwa zur Folge, dass Gemüse aus
Europa auf afrikanischen Märkten durchschnittlich um ein
Drittel günstiger angeboten wird als heimische Produkte.
Weltbank und IWF reagieren auf die daraus resultierende Er-
nährungskrise mit Agrarpolitiken, die auf eine Industrialisie-
rung der Landwirtschaft abzielen. Hiervon profitieren insbesondere die großen Agrarkonzerne wie Monsanto, Bayer oder
Syngenta. Industrielle landwirtschaftliche Produktion ist oft
von KleinbäuerInnen nicht zu leisten und treibt sie nicht selten in den finanziellen Ruin, weil sie in einen Teufelskreis der
Verschuldung geraten und gezwungen sind, genmanipulier-
tes Saatgut mit den entsprechenden Düngemitteln und Pesti-
ziden zu Preisen zu kaufen, die die Multis festlegen. Während
im Süden die vom IWF verordneten Strukturanpassungsmaß-
nahmen schwerwiegende soziale Folgen haben, werden auch
in der Europäischen Union die Marktfreiheiten vorangetrieben, also der freie Verkehr von Dienstleistungen, Gütern und
Arbeitskraft. Auf diese Weise werden Arbeitnehmerrechte
abgebaut und die Konkurrenz der Industrien innerhalb der
EU-Mitgliedsstaaten verschärft. PolitikerInnen und UnternehmerInnen stellen diese Maßnahmen als alternativlos dar angesichts des weltweiten Wettbewerbs und der Möglichkeit der
transnationalen Konzerne, jederzeit ihren Standort zu wech-
seln und Tausende Arbeitsplätze an einem Standort im Hand-
umdrehen zu vernichten.

Tatsächlich ist eine Verschiebung der globalen industriellen
Produktion in den letzten 30 Jahren zu beobachten. Euro-
päische und nordamerikanische Unternehmen verlagern ihre
Produktion auf ein Netzwerk unabhängiger Zulieferbetriebe

21

in Afrika, Asien oder Lateinamerika, um Kosten zu sparen. Sie konzentrieren sich auf ihre Kernkompetenzen, welche meist aus Produktentwicklung, Design, Endmontage und Vertrieb bestehen. Unternehmen schaffen so immer komplexere Produktionsketten, mit unterschiedlichen Verflechtungen von Tochterunternehmen mit verschiedenen Mehrheitsbeteiligungen, Joint Ventures bis hin zu komplizierten Netzwerken von Zulieferbetrieben. Dies bewirkte in den letzten Jahrzehnten eine Verschiebung der Wirtschaftsleistungen innerhalb der Gruppe der sogenannten G50-Staaten, in denen sich die weltweite Wirtschaftskraft konzentriert. Von den etablierten 26 Industriestaaten, also den OECD-Staaten ohne die mittel- und osteuropäischen Staaten und die Türkei, sind erhebliche Anteile der industriellen Wertschöpfung und des Welthandels in die aufholenden Staaten des Südens abgewandert. Gleichzeitig nahm der sogenannte Süd-Süd-Handel zu, der Handel zwischen den sich entwickelnden Staaten.

Diese Zahlen wie auch die Wachstumszahlen der chinesischen, indischen oder brasilianischen Volkswirtschaften könnten zu der Annahme verleiten, dass diese Staaten von der beschriebenen neoliberalen Wirtschaftspolitik profitieren würden. Tatsächlich schafft eine Zunahme investitionsintensiver Produktion in einem Land nicht unmittelbar existenzsichernde Arbeitsverhältnisse. Wirtschaftliches Wachstum bringt nicht automatisch bessere Bedingungen für alle.

So belegen jüngste Studien, dass die Kluft zwischen wirtschaftlicher Produktivität und Löhnen weltweit immer weiter auseinandergeht und seit der Finanzkrise von 2008 die Zahl der Arbeitslosen weltweit um 30 Millionen Menschen angewachsen ist. Der Trend von klassischen geregelten zu flexiblen und prekären Arbeitsverhältnissen ist gerade auch in Europa und Nordamerika ungebrochen, während die Beschäftigten in vielen Ländern des globalen Südens weiterhin unter schlimmsten Bedingungen arbeiten. Insbesondere in den ersten Stufen der globalen Wertschöpfungsketten, die oft in den Ländern des Südens angesiedelt sind, sind die irregulären

Beschäftigungsverhältnisse durch schlechte Entlohnung und exzessive Arbeitszeiten gekennzeichnet. Die global agierenden Unternehmen aus Europa, Nordamerika und zunehmend aus China, Indien, Brasilien und anderen Staaten Asiens und Lateinamerikas erwirtschaften dagegen enorme Profite. Gerade bei großen Zulieferern für europäische und nordamerikanische Konzerne, etwa Foxconn, gibt es inzwischen wirtschaftlich extrem erfolgreiche, transnational agierende Unternehmen mit Sitz beispielsweise in Asien.

Während also in West- und Mitteleuropa lang erkämpfte, relativ akzeptable Arbeits- und Sozialstandards zusehends zurückgenommen werden, bringt im Gegenzug die sich verlagernde globale Produktion keine neue soziale Teilhabe und selten würdige Arbeitsbedingungen.

III. Reaktionen auf die Misere:
Corporate Social Responsibility, Boykott
und Massenprotest

Nicht nur die Wirtschaftsabläufe haben sich globalisiert, sondern auch die Kommunikation: Nachrichten über Menschenrechtsverletzungen und Umweltkatastrophen finden über
die (digitalen) Medien weltweite Verbreitung. Ein wachsen-
der Anteil der Bevölkerung im globalen Norden nimmt die
immensen sozialen Probleme im globalen Süden deutlicher
und schneller wahr – ohne dass sie aktiv auf deren Lösun-
gen drängen würden. Seit den 1990er Jahren allerdings
kritisieren WissenschaftlerInnen, PolitikerInnen, Anti-Glo-
balisierungsaktivistInnen und EntwicklungsexpertInnen sowie Menschenrechtsorganisationen einzelne Fälle von Menschenrechtsverletzungen und Umweltzerstörung wie auch die
strukturellen Ungerechtigkeiten des Weltwirtschaftssystems.
WirtschaftsvertreterInnen und ihnen nahestehende Politiker-
Innen reagieren auf die sozialen Herausforderungen der globalen Wirtschaft mit dem Konzept der sogenannten Corporate
Social Responsibility (CSR).

1. Corporate Citizenship und
Corporate Social Responsibility

Definitionen und Konzepte der CSR werden von WissenschaftlerInnen und Regierungen, vor allem aber von Unternehmen
selbst entworfen. Oft wird CSR als eine Managementmethode
angesehen, mit deren Hilfe Unternehmen Sozial- und Umwelt-
fragen in Erwägung ziehen. Oder CSR wird als unverbindliche
Aufgabe der Unternehmen definiert, die gesellschaftlichen

Folgen ihres Handelns abzuschätzen. Um dieser Verantwortung gerecht zu werden, müssten sie in Absprache mit ihren »Stakeholdern« soziale, ethische, menschenrechtliche, ökologische Belange und die der KonsumentInnen in ihre wirtschaftlichen Aktivitäten integrieren. Einige Unternehmen fassen unter CSR schlicht ein Konglomerat von gemeinnützigen Aktivitäten der MitarbeiterInnen, von der Einrichtung eines Betriebskindergartens über die Unterstützung von UNICEF-Entwicklungsprojekten bis zu Spendenaktionen zugunsten lokaler sozialer Einrichtungen.

Ungeachtet des uneinheitlich definierten Begriffs gehen die meisten Auffassungen von der Diagnose aus, dass die Fähigkeit der Nationalstaaten abnimmt, einen Ordnungsrahmen zur Bewältigung globaler Probleme bereitzustellen. Deswegen sollten Unternehmen, insbesondere die transnationalen, an der Lösung weltweiter sozialer Herausforderungen beteiligt werden. Besonders pointiert formulierte es der britische Premierminister David Cameron im Mai 2006 als damaliger Parteivorsitzender der Konservativen: »Wer, wenn nicht Coca Cola, ein Unternehmen mit einem Vertriebsnetzwerk im subsaharischen Afrika, das besser ist als das jeder Hilfsorganisation, ist geeigneter, Güter an die mangelleidende Bevölkerung zu verteilen?«[3] Die Definition von CSR bleibt so unscharf, weil es darauf ankommt, worin die Betrachtenden die »soziale Verantwortung« eines Unternehmens sehen, wer die AdressatInnen beziehungsweise die EmpfängerInnen von CSR und wo die Handlungsräume sein sollen.

Dabei hat die Frage der moralischen und politischen Verantwortlichkeit von Unternehmen eine lange Tradition. Bereits Ende des 18. Jahrhunderts propagierten FrühsozialistInnen wie Robert Owen, dass UnternehmerInnen eine soziale

---

[3] »Who [is] better than Coca Cola, a firm with a better distribution network in Sub-Africa than any aid agency, to get materials out to the needy populations«; Annual Business in the Community Conference, 9.05. 2006, zitiert nach: Rajak, *Company*, S. 29.

Verpflichtung für die Lebenssituation ihrer ArbeiterInnen hätten und dieser auch gerecht werden müssten, allein um ihre Leistungsfähigkeit zu gewährleisten. Typischer Ausfluss dieser »Industrial Welfare«-Bewegung waren in Deutschland die im frühen 20. Jahrhundert von Großindustriellen wie Siemens und Borsig in Berlin, Bayer in Leverkusen oder der BASF in Ludwigshafen angelegten Arbeitersiedlungen. Mit derlei Projekten schufen einzelne Unternehmenspatriarchen neben Wohnraum auch Gesundheitsversorgung und Zugang zu Schulbildung für ihre ArbeiterInnen und deren Familien. Daneben betätigten sich einzelne Industrielle immer auch philanthropisch. Auch wenn das Konzept der CSR bis auf die Anfänge industrieller Produktion zurückgeführt werden kann, hat sich das heutige Verständnis von CSR erst in den 1990er Jahren entwickelt. Denn seitdem gewann die Auseinandersetzung mit CSR nicht zuletzt aufgrund der zunehmenden Globalisierungsproteste und unternehmenskritischen Kampagnen an Dynamik, welche im Folgenden beschrieben wird.

Kennzeichnend für das aktuelle Konzept der CSR ist der im Jahr 2000 vom damaligen UN-Generalsekretär Kofi Annan veröffentlichte Bericht »Wir, die Völker: Die Rolle der Vereinten Nationen im 21. Jahrhundert«. Dieser Bericht bestimmte die sogenannten Millenniums-Entwicklungsziele der Vereinten Nationen bis zum Jahr 2015 und setzte auf die Zusammenarbeit mit global agierenden Unternehmen. Annan schlägt vor, die Macht der Märkte mit den universellen Idealen der Menschenrechte zu verbinden und die kreativen Kräfte privater Unternehmen mit den Bedürfnissen der Benachteiligten zu versöhnen. Hiernach könnten sich die Entwicklungsziele der UN und die der Wirtschaft gegenseitig fördern. Wenn sich den Unternehmen neue Wirtschaftsfelder eröffneten, erschlössen sich gleichzeitig Entwicklungsmöglichkeiten für die Gesellschaften des globalen Südens. Annan versteht Unternehmen also trotz ihrer grundsätzlichen Ausrichtung am wirtschaftlichen Profit als effiziente Akteure sozialer Entwicklung. Seine Annahmen sind Ausdruck eines gewandelten Verständnisses von Entwicklungszusammenarbeit. Während diese klassischerweise Institutionen in den empfangenden Staaten aufzubauen versuchte, soll den VerfechterInnen dieses Konzeptes in UN und Weltbank zufolge »moderne« Entwicklungszusammenarbeit zunehmend Handel, Auslandsinvestitionen und Public-Private-Partnership fördern. Europäische Unternehmen sollen ermutigt werden, in den Staaten des globalen Südens zu investieren, um die dortige Wirtschaft zu stärken, und mit staatlichen Institutionen in der öffentlichen Daseinsvorsorge oder der Gesundheitsversorgung zu kooperieren. KritikerInnen beurteilen dies als Absage an jede Vorstellung von Entwicklung abseits des neoliberalen Gesellschaftsmodells und als Hinwendung zu einer Politik der Außenwirtschaftsförderung und gelegentlicher Krisenintervention im Verbund mit humanitären Organisationen. Menschenrechtsverletzungen und Umweltzerstörung werden nicht als strukturelle Probleme des globalen Wirtschaftssystems, sondern als Fehler des staatlichen Managements und Regierens betrachtet, die sich mit den richtigen Methoden beheben lassen.

Da den Unternehmen in dieser Perspektive eine entscheidende Rolle bei der Etablierung angemessener Arbeitsbedingungen wie auch im Menschenrechts- und Umweltschutz zugesprochen wird, rief Annan den »Global Compact« ins Leben. In dieser Initiative haben sich derzeit 8 000 große und mittelständische Unternehmen aus sämtlichen Industriezweigen und 170 Staaten sowie 4 000 Wirtschaftsverbände und Nichtregierungsorganisationen zusammengeschlossen. Zwar verpflichten sich die teilnehmenden Unternehmen, ihre Geschäftstätigkeit und Strategien an Standards aus dem Bereich Menschenrechte, Arbeitsnormen, Umweltschutz und Korruptionsbekämpfung auszurichten, doch der Global Compact bleibt eine »freiwillige Initiative«. Die Prinzipien werden also nicht als verbindliche Normen verstanden, deren Einhaltung von unabhängigen Instanzen überprüft werden könnte. Vielmehr soll der Global Compact als »Lernplattform« dienen. In den Arbeitstreffen des deutschen Global Compact-Netzwerks beispielweise wird erörtert, wie ein mittelständisches Unternehmen die Auswirkungen der eigenen Tätigkeit auf das Klima erfassen oder aktuelle Ansätze des Diversity-Managements am Arbeitsplatz anwenden kann.

Grundsätzlich ist an Fortbildungsinstitutionen für Unternehmen wenig auszusetzen. Problematisch ist jedoch, dass über die Beteiligung der Vereinten Nationen und ihrer Teilorganisationen wie der Internationalen Arbeitsorganisation (ILO) sowie durch die Bezugnahme auf international anerkannte Menschen- und Umweltschutzrechte in den Gründungsprinzipien des Global Compact Verbindlichkeit suggeriert wird. Einige der weltweit skandalträchtigsten Unternehmen wie die Bergbaufirma Glencore und der Ölkonzern Shell sind Mitglieder des Global Compact. Seit ihrem Beitritt haben weder die gegen sie gerichteten Vorwürfe von Umweltzerstörungen und Menschenrechtsverletzungen nachgelassen, noch führten die Skandale innerhalb des Netzwerks zu ernsthaften Debatten oder Sanktionen. Die Legitimität des Global Compact kann somit in Zweifel gezogen werden. Unbestritten ist, dass CSR-Abteilungen der Unternehmen eine Vielzahl von gutgemeinten Projekten und Aktivitäten entfalten. Unklar bleibt allerdings bisher, wie effektiv diese CSR-Maßnahmen sind und ob sie tatsächliche Veränderungen für die Betroffenen im globalen Süden bewirken. Gleichwohl werden CSR-Initiativen von Regierungen wie von Unternehmen als ausreichende und vor allem einzig sinnvolle Reaktion auf die negativen sozialen Folgen des weltweiten Wirtschaftens präsentiert.

2. Zivilgesellschaftliche Reaktionen: Protest und Boykott im globalen Norden

Im Gegensatz zur CSR, die soziale Probleme durch Wirtschaftswachstum und besseres Management zu beheben verspricht, stellen verschiedene TheoretikerInnen, PolitikerInnen und AktivistInnen das aktuelle Wirtschaftssystem grundsätzlich in Frage. Gezielte Protestaktionen und Kampagnen von Umweltorganisationen wie Greenpeace, von Menschenrechtsorganisationen wie Amnesty International oder der Kampagne für Saubere Kleidung (CCC) konzentrieren sich dagegen auf einzelne Unternehmen, deren Praktiken als besonders skandalös erachtet werden. Paradigmatisch sind etwa die weltweiten Kampagnen gegen Shell wegen der Ermordung des nigerianischen Umweltaktivisten Ken Saro-Wiwa und aus Anlass der geplanten Versenkung der Ölplattform Brent Spar sowie die jahrelange Kampagne gegen Nike wegen schlechter Arbeitsbedingungen in Zulieferbetrieben in Indonesien und Pakistan.

Die »Bewegung für das Überleben des Ogoni-Volkes« um Ken Saro-Wiwa stritt für die politische und kulturelle Eigenständigkeit der Ogoni und setzte sich gegen die Zerstörung ihrer natürlichen Lebensgrundlagen im Nigerdelta zur Wehr. Ihre Forderungen richteten sich an den nigerianischen Staat und an das Unternehmen Shell und andere Ölkonzerne, die durch die dortige Ölförderung bis heute massiv die Umwelt zerstören. Zu ihrer Hochzeit in den frühen 1990er Jahren konnte die Bewegung 300 000 Menschen zu Demonstrationen gegen die nigerianische Regierung mobilisieren. Spätestens seit der Inhaftierung Ken Saro-Wiwas und acht weiterer Aktivisten wurde sie von global agierenden Menschenrechts- und Umweltorganisationen wie Amnesty International und Greenpeace mit Solidaritätskampagnen unterstützt. Ungeachtet dessen ließ die nigerianische Regierung die Aktivisten in einem Schauprozess zum Tode verurteilen und richtete sie im November 1995 hin, was weltweite Empörung auslöste und jahrelange Prozesse der Angehörigen gegen den Ölkonzern nach sich zog. Die Ogoni und ihre UnterstützerInnen warfen Shell vor, Beihilfe zur Ermordung der sogenannten »Ogoni-Neun« geleistet zu haben. Der Fall entwickelte sich zum diskursiven Bezugspunkt, wenn es um die Rolle multinationaler Unternehmen bei der Unterstützung repressiver Regime geht.

Einer der bisher spektakulärsten Boykotts in Deutschland betrifft ebenfalls Shell. Ende April 1995 besetzten UmweltaktivistInnen von Greenpeace eine in der Nordsee gelegene Ölplattform des Konzerns. Die Brent Spar sollte stillgelegt und ohne angemessene Entsorgung der dort vorhandenen hochgiftigen Ölrückstände im Meer versenkt werden. Parallel zu dieser Aktion startete Greenpeace auf der Nordseeschutzkonferenz sowie in den Niederlanden, Großbritannien und Deutschland eine Lobby- und Medienkampagne, die die drohende Versenkung und die Verschmutzung der Nordsee kritisierten. Nachdem die UmweltschützerInnen in Deutschland gemeinsam mit anderen Organisationen, den Kirchen und einigen PolitikerInnen zum Boykott von Shell-Tankstellen aufgerufen hatten, brachen die Umsätze des Konzerns um fast fünfzig Prozent ein. Obwohl Greenpeace im Laufe der Auseinandersetzung einräumen musste, dass die Menge der auf der Brent Spar verbleibenden Ölrückstände deutlich geringer war als ursprünglich von ihnen behauptet, gilt der Protest als Paradebeispiel einer gelungenen Kampagne: Greenpeace konnte transnational wichtige Medien mobilisieren und betrieb parallel dazu aktivistische Aktionen sowie erfolgreiche Lobbyarbeit. Auf diese Weise konnte Shell gezwungen werden, die Plattform umweltgerecht abzubauen und an Land zu entsorgen.

Historische Bedeutung für die Textilindustrie und ihren Umgang mit sozialer Verantwortung hat die von den USA ausgehende Bewegung gegen unmenschliche Arbeitsbedingungen in Zulieferbetrieben internationaler Bekleidungskonzerne, auch Anti-Sweatshop-Bewegung genannt, insbesondere ihre prominente Kampagne gegen den Sportbekleidungshersteller Nike.

Das 1964 in den USA gegründete Unternehmen steht für die radikalen Veränderungen von Produktions- und Vermarktungsabläufen der Textilbranche. Das Unternehmen übertrug im Laufe der 1980er Jahre die Produktion seiner Sportbekleidung so gut wie vollständig auf unabhängige Zulieferbetriebe und konzentrierte seine Geschäftstätigkeit auf Vertrieb und

Vermarktung. Nike setzte dann ab Ende der 1980er Jahre neue Maßstäbe, indem es sein Markenimage mit hochprofessionellen Kommunikationsmethoden entwarf und effizient verbreitete. SportlerInnen ließen gegen Bezahlung ihre Namen über Werbefilme und Bilder von der Marke vereinnahmen. Der Slogan »Just do it« ist praktisch in die Alltagssprache übergegangen.

Als 1989 indonesische Zeitungen über Lohnstreiks in Nike-Zulieferbetrieben berichteten und eine Studie Verstöße gegen die dortigen Mindestlohngesetze aufdeckte, begannen Studierendengruppen, Gewerkschaften, Arbeitsrechts- und Menschenrechtsorganisationen in den USA die Arbeitsbedingungen in diesen Zulieferbetrieben zu thematisieren. Human Rights Watch legte im gleichen Jahr Beschwerde bei der US-amerikanischen Regierung wegen der Gewährung von Zollerleichterungen an Indonesien ein. Mitte der 1990er Jahre wurde dann in der breiteren US-amerikanischen Öffentlichkeit die Ausbeutung von ArbeiterInnen in den ausgelagerten Nike-Fabriken problematisiert, untermauert durch weitere Studien über die schlechten Arbeitsbedingungen.

Die Nike-Kritik nahm Anstoß an dem krassen Kontrast zwischen Markenimage und der Überlastung der ArbeiterInnen bei minimalen Löhnen. Dem Unternehmen und dessen AktionärInnen wurde vorgeworfen, dass sie angesichts der hohen Preise massive Gewinne einstrichen, während die TextilarbeiterInnen am Existenzminimum lebten. Als diese Kampagne Europa erreichte und die VerbraucherInnen zum Boykott von Nike-Produkten aufgefordert wurden, ignorierte Nike-Chef Phil Knight den Protest zunächst. 1998 erklärte er schließlich, dass Nike den Umgang mit Zulieferbetrieben außerhalb der USA grundsätzlich ändern würde, das Mindestalter für Angestellte angehoben und weitere Arbeitsplatzverbesserungen eingeführt würden. Seitdem haben sich Nikes CSR-Politiken zu den professionellsten der Branche entwickelt.

Die beschriebenen Kampagnen zielten jeweils auf konkrete Konzerne ab, die paradigmatisch für Phänomene globaler

Ausbeutung und Ungerechtigkeit stehen, und versuchten, bei den westlichen VerbraucherInnen moralische und politische Empörung zu wecken. Der Protest umfasste das Versenden von Postkarten, Onlinepetitionen oder den Boykott bestimmter Produkte. Den wachsenden Widerhall der Kritik führte die Autorin Naomi Klein darauf zurück, dass die Lebenswelt westlicher VerbraucherInnen maßgeblich von großen Konzernen und ihren Markenprodukten bestimmt wird. Über die entsprechenden Aktionen wurde ihnen bewusst, dass sie Produkte konsumieren, bei deren Herstellung Menschen ausgebeutet werden.

Diese Protestformen bedienten sich moderner Kommunikationsstrategien und -methoden, sodass die Unternehmen mit ihren eigenen Mitteln geschlagen werden konnten. Allerdings zielten sie in der Regel auf eine konkrete Verhaltensänderung beim Unternehmen ab, ohne dabei den größeren Kontext der angesprochenen Skandale zu problematisieren. Im Narrativ der Brent-Spar-Kampagne ging es primär darum, deren Versenkung zu verhindern, eine grundlegende Kritik an der ökonomischen Handlungsrationalität, die hinter der Ölplattform steht, formulierte Greenpeace nicht.

Mit der Professionalisierung der Protestkultur konvertierten AktivistInnen zu Angestellten von Nichtregierungsorganisationen, und die ohnehin seltene Forderung nach grundsätzlicher gesellschaftlicher Veränderung wurde häufig als unrealistisch aufgegeben. KritikerInnen dieser pragmatischen Wende von der linken Grundsatzkritik zu medial vermittelbaren Kampagnenbotschaften erhoben daher den Vorwurf, die Boykottaufrufe seien deswegen mehrheitsfähig, weil sie Protesthandeln an die individuelle Konsumpraxis der Wohlstandsgesellschaft anpassen. Der Protest folge somit der Handlungslogik des neoliberalen Menschen, der individualisierten Kosten-Nutzen-MaximiererInnen und schaffe keine Bewegung, die weitergehende gesellschaftliche und wirtschaftliche Veränderungen bewirke. Die punktuellen Kampagnen fokussierten auf singuläre Probleme wie Kinderarbeit. Zugunsten der Kampagnenförmigkeit vereinfachten derartige Aktionen globale Problemlagen und entpolitisierten Fragen der Verteilungsgerechtigkeit und globalen Wirtschaftsweise, indem sie suggerierten, die sozialen Probleme der Globalisierung seien in den Griff zu bekommen, wenn etwa ein Unternehmen aufhören würde, eine bestimmte Chemikalie zu benutzen.

Die BefürworterInnen der Proteste wenden dagegen ein, dass die Kampagnen zumindest ein Einfallstor in den öffentlichen Diskurs über die hochkomplexen Probleme der Weltwirtschaft seien. Selbst wenn sich die öffentliche Kritik auf Shell im Nigerdelta fokussiere, werde damit auch die weltweite Ungerechtigkeit problematisiert.

Sicherlich leisteten frühe Kampagnen gegen Unternehmen einen wesentlichen Beitrag dazu, die Antiglobalisierungsbewegung in Europa und Nordamerika zu formieren und Globalisierungskritik in den gesellschaftlichen und politischen Mainstream einzubringen. Doch wie zu zeigen sein wird, drohen diese Kampagnen von Unternehmen vereinnahmt zu werden statt grundlegende Änderungen herbeizuführen.

3. Reaktion der Unternehmen:
Sozial-Audits und ihre Fragwürdigkeit

Unternehmen, die ihre Produkte direkt an VerbraucherInnen verkaufen, haben mittlerweile erkannt, dass AktivistInnen über Kampagnen dem Markenimage erheblichen Schaden zufügen und das Kaufverhalten potentieller KundInnen zum Nachteil des Unternehmens beeinflussen können. Viele Unternehmen und ihre Beratungsagenturen behandelten anfangs die Proteste allein als eine Frage des Umgangs mit KonsumentInnen. Sie setzten sich nicht in erster Linie mit den angeprangerten Problemen auseinander, sondern entwarfen umfassende Kommunikationskonzepte. Inzwischen kommt kein großes Unternehmen ohne eine CSR-Abteilung aus. Diese waren in den 2000er Jahren regelmäßig in der

Kommunikations- und Werbeabteilung angesiedelt, also nicht dort, wo die eigentlichen Entscheidungen über Einkaufspraktiken und den Umgang mit Zulieferbetrieben getroffen werden. Mittlerweile haben gerade die großen Konzerne selbständige und professionell arbeitende CSR-Abteilungen. Sie entwerfen CSR-Politiken wie die sogenannten Verhaltenskodizes, auch als »Codes of Conduct« bezeichnet. Hierin stellen sie Leitlinien im Umwelt- und Menschenrechtsbereich auf, von denen die Unternehmen behaupten, sich in ihren globalen Aktivitäten an sie gebunden zu fühlen. Dabei wird aber stets betont, dass es sich um freiwillige Selbstverpflichtungen handle, die keinerlei rechtliche Verbindlichkeit entfalten würden. Laut ihren Erklärungen sehen Unternehmen die nationalen Gesetze als bindend an, Verhaltenskodizes und andere CSR-Maßnahmen verstehen sie dagegen als freiwilligen Zusatz. Weder Staat noch Gerichte sollen deren Einhaltung einfordern oder kontrollieren können.

Zivilgesellschaftliche Organisationen machen es sich mittlerweile zur Aufgabe, in einzelnen Fällen zu überprüfen, ob die Versprechen der Hochglanzbroschüren der Realität in den Fabriken entsprechen. Für die Textilindustrie ist die Diskrepanz zwischen Anspruch und Wirklichkeit besonders gut belegt, weswegen wir im Folgenden auf Beispiele aus dieser Branche zurückgreifen werden. Die internationale Kampagne für Saubere Kleidung etwa weist in ihren Berichten nach, dass die Arbeitsbedingungen in osteuropäischen und asiatischen Zulieferbetrieben großer europäischer Textilfirmen von Tommy Hilfiger, Hugo Boss über H&M und Zara bis hin zu Discountern wie Lidl, Aldi und KiK nicht deren eigenen Leitlinien entsprechen. Die Unternehmen sagen in ihren Verhaltenskodizes zu, dass weltweit in ihren Zulieferbetrieben geregelte Arbeitszeiten mit angemessener Bezahlung von Überstunden und einem Ruhetag pro Woche eingehalten werden, Schutz vor Diskriminierung und sexuellen Übergriffen bestehe und das Verbot von Zwangs- und Kinderarbeit sowie die Arbeitsplatzsicherheit geachtet werde. In der Realität ist bei vielen

Zulieferern die Diskriminierung von Frauen jedoch an der Tagesordnung, es müssen viele Überstunden ohne angemessene Entlohnung abgeleistet werden, Arbeitsplatz- wie Brandschutzsicherheit werden vernachlässigt.

Viele Unternehmen reagieren hierauf, indem sie Mechanismen präsentieren, mit denen die Einhaltung der Codes of Conduct nachvollzogen werden kann. Im Zuge dessen hat sich ein eigener Dienstleistungssektor entwickelt: das »Sozial-Auditing«, also die Überprüfung von Fabriken im Bezug auf Sozialstandards. Die Textilindustrie ist dabei Vorreiter: Kein Bekleidungsunternehmen vergibt Aufträge, wenn sich die ProduzentInnen nicht auf den jeweiligen Unternehmenskodex verpflichten, dessen Umsetzung auch regelmäßig durch Auditoren wie den deutschen TÜV oder auch internationale Zertifizierungsgesellschaften kontrolliert wird. Da die meist lokalen Auditoren die Fabrik aber nur wenige Tage lang besichtigen, ist die Effektivität solcher Audits problematisch. Wie sollen innerhalb derart kurzer Zeit komplexe soziale Abläufe wie Diskriminierungen am Arbeitsplatz erfasst werden? Wenn die Frage nach unbezahlten Überstunden nur anhand von Stundenzetteln kontrolliert wird, die der Arbeitgeber führt und die nicht durch vertrauliche Interviews mit den ArbeiterInnen verifiziert werden, lässt dies an der Belastbarkeit des resultierenden Prüfberichts zweifeln; ebenso der Umstand, dass in den meisten Fällen die Audits vorher angekündigt werden und die Fabriken sich also vorbereiten können. Sofern die Audit-Berichte Mängel etwa bei der Feuersicherheit feststellen, geben die PrüferInnen dem Management der untersuchten Fabrik Maßnahmen zur Verbesserung vor, deren Umsetzung dann mit den gleichen fragwürdigen Methoden wieder überprüft werden.

Inzwischen konnten Studien empirisch belegen, dass Sozial-Audits problematische Arbeitsbedingungen nicht verbessern, sondern tendenziell sogar eher leicht verschlechtern, je öfter sie überprüft werden. Die erheblichen qualitativen Differenzen zwischen den Arbeitsbedingungen in verschiedenen

Fabriken sind nach Ansicht von WissenschaftlerInnen nicht auf die CSR-Politiken des einkaufenden Unternehmens, sondern vielmehr auf die Organisation der Produktionsprozesse und dem unterschiedlichen Umgang des Managements mit den Rechten der ArbeiterInnen zurückzuführen. Die Fragwürdigkeit von Sozial-Audits zeigte sich insbesondere, als mehrere Fabriken in Pakistan und Bangladesch nach ihrer Zertifizierung zwischen September 2012 und April 2013 abbrannten oder einstürzten. Keine dieser Untersuchungen hatte vorher auf offensichtlich bestehende Brand- oder Einsturzrisiken hingewiesen.

Trotz der Ineffektivität der Sozial-Audits weitet sich dieser Wirtschaftszweig aus, was im Wesentlichen zwei Gründe hat: Diese Maßnahmen bieten Unternehmen eine einfache und schnelle Lösung für den Umgang mit sozialen Problemen. Ein Katalog an Standards, dessen Überprüfung auf Dritte ausgelagert wird, ohne dass die Unternehmen ihre Einkaufspraktiken ändern oder höhere Preise an die Zulieferfabriken zahlen müssten, ist eine kostengünstige Option. Denn die Kosten für verbesserte Sicherheitsstandards oder Mindestlöhne hat nach dem derzeitigen Konstrukt des Auditierungswesens der Zulieferbetrieb zu tragen. Die lokalen FabrikbesitzerInnen versuchen natürlich angesichts des Preisdrucks der internationalen EinkäuferInnen und der eigenen Profitinteressen, die Produktionskosten gering zu halten. So sollen gute Audit-Ergebnisse mit minimalem Aufwand und zur Not auch mit Hilfe von Manipulationen und Bestechungen erzielt werden. Wenn dann im Nachhinein Missstände bekannt werden, legen die einkaufenden Unternehmen Berichte über zuvor erfolgte Audits vor, laut denen die Arbeitssicherheit gewährleistet war und festgelegte Standards eingehalten wurden. Die Auditing-Unternehmen sind – bisher jedenfalls – gegenüber der Öffentlichkeit oder den betroffenen ArbeiterInnen nicht für den Wahrheitsgehalt der ausgestellten Berichte verantwortlich.

Doch zivilgesellschaftlichen Organisationen fällt es schwer, alternative Vorgehensweisen aufzuzeigen, die die Arbeitsbedingungen in den Zulieferbetrieben wirksam kontrollieren und verbessern können, ohne das gegenwärtige Geschäftsmodell der flexiblen Zuliefernetzwerke abzuschaffen. Und so beteiligen sich internationale und lokale Gewerkschaften sowie Nichtregierungsorganisationen in sogenannten »Multistakeholder-Initiativen« daran, durch unabhängigere Audits und Trainings von Management und Arbeiterschaft die Einhaltung der Arbeitsstandards zu verbessern und die Präsenz von Gewerkschaften und Arbeitervertretungen zu gewährleisten. Aber auch diese verbesserten Auditing-Systeme lassen außer Acht, dass die Belegschaft als Träger international anerkannter Menschen- und Arbeitsrechte in der Lage sein sollte, diese Rechte gegenüber ihren Arbeitgebern, dem Staat und den einkaufenden Konzernen durchzusetzen. Aber in diesem System ist kein Platz für selbstbestimmtes Handeln der ArbeiterInnen.

Audits und Prüfsiegel bieten auch für VerbraucherInnen eine schnelle und bequeme Lösung; statt sich mit den komplexen Problemen globalisierter Wirtschaft und den Auswirkungen des Konsums beschäftigen zu müssen, wird ihnen suggeriert, mit dem Griff zum richtigen Siegel einen Beitrag zu einer gerechteren Welt zu leisten, weil die Herstellung des Produktes nicht mit Umweltverschmutzungen und ausbeuterischen Arbeitsbedingungen einhergehe. In der Diskussion über transnationale Unternehmen und Menschenrechte verweisen WirtschaftsvertreterInnen gerne auf die entscheidende Rolle der VerbraucherInnen. Würden diese ihre Marktmacht einsetzen und konsequent nach ethischen Maßstäben einkaufen, dann müssten Unternehmen ihre Einkaufs- und Produktionspraktiken daran anpassen. Da sie aber nicht bereit seien, höhere Preise für ethisch unbedenkliche Produktionsbedingungen zu zahlen, würde sich nichts ändern. Dabei wird verkannt, dass die großen Handelsketten eine erhebliche Marktmacht haben und damit eine Produktpalette vorgeben, aus der VerbraucherInnen auswählen müssen. Zudem haben die durchschnittlichen KonsumentInnen nicht das

Geld, ausschließlich ethisch unbedenkliche Produkte zu kaufen. VerbraucherInnen verfügen auch nicht über genügend Informationen, um komplexe Produktionsketten nachvollziehen zu können, und müssen fehleranfälligen Zertifizierungen vertrauen.

Selbstverständlich ist die Debatte über den verschwenderischen Lebensstil der Bevölkerung industrialisierter Staaten und über alternative Lebens- und Wirtschaftsmodelle wie die »Commons« wichtig. Dies muss aber von der Frage der Verantwortung von Unternehmen für Menschenrechtsverletzungen, Arbeitsbedingungen und Umweltverschmutzungen getrennt diskutiert werden. Sonst fördert man die Tendenz, die Verantwortung von den Unternehmen auf die VerbraucherInnen zu schieben.

4. Gegenwehr im globalen Süden

Während die Auseinandersetzung um Corporate Social Responsibility vorwiegend auf Konferenzen und Stakeholder-Anhörungen in Europa stattfindet, formieren sich im globalen Süden soziale Bewegungen gegen Freihandelspolitiken und Menschenrechtsverletzungen durch Unternehmen. Anders als die klassischen europäischen Gewerkschaften organisieren sich Menschen in informellen Lebens- und Arbeitsverhältnissen wie Landlose oder Slumbewohner. Praktisch alle erwähnten juristischen Verfahren beruhen auf Initiativen dieser mal utopisch-visionären, mal ad hoc reaktiv tätigen Organisationen. So entstand in den letzten beiden Jahrzehnten eine Globalisierung von unten – an der wir sowohl diskursiv als auch in unserer praktischen Arbeit anknüpfen.

Die Bewegungen reagieren auf die Zerstörung von Lebensgrundlagen und schwere Menschenrechtsverletzungen, die meist von den Tochter- oder Zulieferfirmen transnationaler Unternehmen verursacht werden, und protestieren gegen die herrschenden Freihandelspolitiken. Sie versammeln betroffene Menschen und vertreten ihre Interessen auf der politischen und rechtlichen Ebene gegenüber Regierungen wie Unternehmen. Neben Formen direkter Demokratie nutzen diese Akteure klassische Protestmethoden wie Demonstrationen, direkte Aktionen, Lobbyarbeit und juristische Instrumente.

Eine der aufgrund ihrer Größe, ihrer Reichweite und ihres internationalistischen Anspruchs einflussreichsten sozialen Bewegungen im globalen Süden ist der brasilianische »Movimento dos Trabalhadores Rurais Sem Terra« (Bewegung der Landlosen, kurz MST), mit rund 1,5 Millionen Mitgliedern die umfänglichste soziale Bewegung Lateinamerikas. Sie ist ein Beispiel für den Widerstand gegen die alten, seit der portugiesischen Kolonialisierung dominierenden Eliten des Landes wie auch gegen die globalen Akteure der Agro- und Minenindustrie. Gegründet wurde sie 1984 von landlosen AgrararbeiterInnen in der Endphase der brasilianischen Militärdiktatur, um die ungleiche Landverteilung in Brasilien zu bekämpfen: Noch heute besitzen dort 10 Prozent der Bevölkerung 80 Prozent des Landes. Von Anfang an besetzt die MST brachliegenden und rechtswidrig genutzten Großgrundbesitz, um ihrer Forderung nach Landzugang Geltung zu verschaffen. Dabei wird die Bewegung oft Opfer von Gewalt durch staatliche Sicherheitskräfte oder Schläger und Milizen, die von den lokalen Großgrundbesitzer- und Unternehmereliten angeheuert werden. Im Anschluss an die Besetzungen versucht die MST, die Unrechtmäßigkeit und Ungerechtigkeit der Besitzverhältnisse am jeweiligen Land zu skandalisieren und eine Legalisierung durchzusetzen. Auf diese Weise konnte sie in einem von Klassenjustiz dominierten Staat auch rechtliche Ziele erreichen. Die juristische Anerkennung von Grundbesitz konnte für Tausende von Familien erfolgreich erstritten werden. Eine ähnliche Zahl von Familien wartet heute noch auf die Legalisierung der Landnutzung. Zudem baut die Organisation eigene Bildungseinrichtungen auf und tritt für eine ökologische kleinbäuerliche Landwirtschaft ein. Damit schafft sie ein wirkmächtiges Gegennarrativ zum von transnationalen Konzernen dominierten Modell der exportorientierten Agrarindustrie. Die MST ist auch Mitglied in der 1993 gegründeten Bewegung »Via Campesina« (der bäuerliche Weg), eines weltweiten Zusammenschlusses verschiedener Organisationen kleinbäuerlicher ProduzentInnen, landloser FarmarbeiterInnen und Indigener. Via Campesina steht für eine weltweite Bewegung gegen die von großen Unternehmen monopolisierte Agrarwirtschaft. Dem herrschenden neoliberalen Diskurs der Agrarindustrie setzt sie das Konzept der Ernährungssouveränität und einer gerechten Ernährungspolitik entgegen. Die Bedürfnisse und Lebensumstände derjenigen, die Nahrungsmittel produzieren, sollen im Mittelpunkt stehen, Land nicht länger als marktwirtschaftliche Ware behandelt werden. Auch Via Campesina verbindet also politische mit rechtlichen Forderungen.

Eine besondere Ausstrahlung auf die globalisierungskritische Bewegung weltweit entfaltete vom mexikanischen Chiapas aus die »Ejército Zapatista de Liberación Nacional« (Zapatistische Armee der Nationalen Befreiung, kurz EZLN), da sie justament am 1. Januar 1994, dem Tag, an dem das NAFTA-Freihandelsabkommen in Kraft trat, ihren bewaffneten Aufstand begann. Dabei konnte sie einen Teil von Chiapas unter ihre Kontrolle bringen, die sie bis heute behauptet. Für die Belange der stark diskriminierten Indigenen kämpfend, wendet sie sich zudem gegen den globalisierten Kapitalismus und die neoliberale Umgestaltung der Gesellschaften. Ihrem radikalen basisdemokratischen Ansatz entsprechend bildeten sich in den Gebieten unter zapatistischer Verwaltung »Räte der guten Regierung«. Ziel ist nicht die Übernahme von Macht im existierenden politischen System, sondern der Aufbau eigener, autonomer Strukturen, um »die Welt [zu] verändern, ohne die Macht zu ergreifen« (John Hollaway). Die mexikanische Regierung betrieb zunächst eine niedrigschwellige kriegerische Auseinandersetzung mit der EZLN, stellt aber mittlerweile der lokalen Bevölkerung Sozialprogramme und

Häuser zur Verfügung, um den ZapatistInnen Unterstützung zu entziehen.

Lokal verankert beteiligte sich die EZLN gleichzeitig an den transnationalen Kämpfen gegen den globalen Kapitalismus. So wurde 1996 ein »Intergalaktisches Treffen gegen Neoliberalismus und für Menschlichkeit« mit 3000 TeilnehmerInnen aus aller Welt in Chiapas abgehalten und das weltweite Netzwerk »People's Global Action« (PGA) gegründet, um die Koordination zwischen verschiedenen lokalen und regionalen sozialen Gruppen zu fördern. Das Netzwerk setzt auf eine konfrontative Haltung statt auf Lobbyarbeit und politische Einflussnahme innerhalb des bestehenden Systems und lehnt alle Formen von Herrschaft, einschließlich Patriarchat, Rassismus und religiösem Fundamentalismus ab.

Die genannten Akteure aus dem Süden waren bei den Protesten und Zusammenschlüssen von und mit Organisationen aus dem Norden vertreten. Kristallisationspunkt und Ort des Zusammentreffens der unterschiedlichen Bewegungen aus Norden und Süden wurde der WTO-Gipfel 1999 in Seattle. Dort spielte auch die 1998 in Frankreich geschaffene Organisation »Attac« mit lokalen Gruppen in 35 Ländern eine Rolle. Sie setzte sich zunächst für die Einführung einer Finanztransaktionssteuer ein und propagierte später soziale, ökologische und demokratische Alternativen zu einer unkontrollierten Globalisierung. Attac versteht sich als plurales Projekt, das Raum für verschiedene soziale Kämpfe bietet. Schnell avancierte das Netzwerk zu einem Hauptprotagonisten der weltweiten Globalisierungskritik. Attac tritt nicht für einen radikalen Systemwechsel, sondern für eine staatlich gesteuerte und international koordinierte Regulierung der globalisierten Wirtschaft, für die Regulierung der Finanzmärkte und der Tätigkeiten transnationaler Unternehmen ein und lehnt die Privatisierung staatlicher Dienstleistungen ab. Außerdem plädiert das Bündnis für den Schuldenerlass der Staaten des globalen Südens und kämpft gegen den ungezügelten Freihandel. Die Forderungen von Attac erweisen sich in den Zeiten der

Finanzkrisen und vermehrt abgeschlossenen Freihandelsabkommen wie TTIP nach wie vor als hochaktuell.

Zu einem organisatorischen Zentrum der weltweiten globalisierungskritischen Bewegungen avancierte das 2001 erstmals in Porto Alegre in Brasilien abgehaltene »Weltsozialforum«, eine Gegenveranstaltung zum jährlichen Weltwirtschaftsforum in Davos. Das Forum dient als offener Raum des Austausches der weltweiten Zivilgesellschaft, die sich gegen den globalen Kapitalismus und die neoliberale Umgestaltung aller Lebensbereiche stellt. Das Motto »Eine andere Welt ist möglich« illustriert den intendierten Prozess der Suche nach Alternativen zur bestehenden, von multinationalen Konzernen sowie den nationalen Regierungen und internationalen Institutionen gesteuerten Globalisierung.

Durch die Teilnahme von Millionen Menschen und zahlreichen Bewegungen und Organisationen aus der ganzen Welt stellte das Forum einen wichtigen Ort der transnationalen Vernetzung von Akteuren aus dem globalen Süden und Norden im Kampf um eine menschlichere Globalisierung dar.

5. Chancen und Grenzen von Kampagnen

In der Vernetzung der Protestkampagnen des globalen Nordens mit denen des globalen Südens liegt Potential – ist es doch der Anti-Shell-Kampagne wegen der Ermordung von Ken Saro-Wiwa beispielsweise zu verdanken, dass schlimmste, von transnationalen Unternehmen verursachte Menschenrechtsverletzungen und Umweltverschmutzungen seltener geworden sind. Die strukturellen Missstände der globalen Wirtschaft konnten mittels derartiger Aktionen jedoch nicht wirksam bekämpft werden.

Die Unternehmen reagieren kreativer auf die Vorwürfe der Kampagnen als erwartet. Kluge und oft auch ernsthafte CSR-ManagerInnen inkorporieren die Kritik in ihre CSR-Politiken, ohne dass sie das eigentliche Geschäftsmodell grundlegend ändern würden. Weil Kampagnen auf die sichtbaren Akteure am Ende der globalen Lieferketten fokussieren, erfassen sie in der Regel die auftraggebenden Unternehmen ohne direkten Verbraucherkontakt und die zugrundeliegenden komplexen Strukturen nicht, die ungerechte und ausbeuterische Wirtschaftsaktivitäten hervorbringen. Auch gelingt es den Unternehmen, sich mit CSR-Maßnahmen oder »freiwilligen Schadensersatzzahlungen«, wie im Falle des Rana-Plaza-Fabrikeinsturzes, aus der Affäre zu ziehen. Im Einzelnen mögen viele der CSR-Initiativen gut gemeint sein. Aber bestenfalls tragen sie zu einer Linderung des Elends bei, bringen jedoch keine strukturellen Veränderungen hervor.

Und so suggeriert das Konzept der Corporate Social Responsibility die Aufhebung grundlegender Gegensätze der Interessen von Unternehmen, Arbeiterschaft und anderen sozialen Gruppen und negiert den Bedarf an genereller Regulierung von Wirtschaftstätigkeiten zugunsten von Gemeinwohlbelangen. Die Deutungshoheit über das, was ein angemessenes soziales Verhalten ist, welche Verpflichtungen für Unternehmen bestehen und wie sie umgesetzt werden, bleibt letztlich bei den Firmen selbst. Diese Fragen sind damit nach wie vor der Logik der Profitmaximierung unterworfen. Gewerkschaften und zivilgesellschaftliche Akteure dürfen zwar mitdiskutieren und ihre Perspektive einbringen, müssen dabei aber kooperativ bleiben, also das bestehende Geschäftsmodell unangetastet lassen. Für die Regelung transnationaler, globaler Probleme allein auf CSR zu setzen, stellt letztlich eine Bankrotterklärung demokratischer Institutionen dar, die nicht (mehr) für einen Ausgleich zwischen Gemeinwohlbelangen und Wirtschaftsinteressen sorgen wollen.

Als bigott entlarvt sich die ständige Betonung der Unverbindlichkeit von CSR-Standards, wenn man einen Blick auf das dichte Normenwerk zur Regelung des transnationalen Wirtschaftsverkehrs wirft. In diesem Kontext scheuen sich Unternehmen – anders als bei Standards der sozialen Verantwortung – in aller Regel nicht, von nichtstaatlichen Akteuren eingeführte Standards effektiv durchzusetzen, wenn es um die Sicherung ihrer wirtschaftlichen Interessen geht.

Diese Einschätzung wird bestätigt, wenn man die Reaktionen von Staat und Unternehmen auf sozialen Protest im Süden betrachtet. Diese fallen häufig gewalttätig aus. Während in Europa über die besten CSR-Methoden zum Schutz der Menschenrechte diskutiert wird, werden in Staaten wie Kolumbien oder Bangladesch immer wieder GewerkschafterInnen bedroht und ermordet. In den schlimmsten Fällen beteiligen sich die transnationalen Unternehmen trotz CSR-Bekenntnisses unmittelbar oder über das Personal ihrer Tochterfirmen an der gewalttätigen Repression. In der von uns anfangs als zentrale Frontlinie aufgezeigten Debatte Corporate Social Responsibility versus verbindliche menschenrechtliche und ökologische Standards geht es mithin um weit mehr als um den richtigen Standpunkt der hiesigen Gesellschaften. Denn die Realitäten in den Ländern des Südens und des Nordens divergieren nicht nur hinsichtlich der sozialen Lage der Unterprivilegierten erheblich, auch die Bedingungen für gesellschaftliche Auseinandersetzungen könnten unterschiedlicher nicht sein. Während sich im Norden ehrenwerter Protest artikuliert, birgt der Widerstand im Süden ein erhebliches Risiko. JournalistInnen, die über Folgen von Umweltzerstörung berichten, die VertreterInnen indigener Gemeinden und AnwältInnen wie MenschenrechtsverteidigerInnen sind in vielen Regionen der Welt zunehmend Repressionen ausgesetzt.

IV. Das Recht zwischen der Stabilisierung von Machtverhältnissen und utopischem Potential

Menschenrechtsorganisationen und soziale Bewegungen setzen die Notwendigkeit verbindlicher Normen gegen das Credo von der freiwilligen CSR. Insbesondere die Menschenrechte bieten einen Anknüpfungspunkt, um soziale Belange gegen Wirtschaftsinteressen zu verteidigen. Denn die Menschenrechte gelten universell und sollen die Interessen der sozial und politisch Schwächeren gegen die politisch und ökonomisch Mächtigen schützen. Dabei erschöpft sich ihre Wirkung nicht in reinen Abwehrrechten gegen den Staat, ihnen ist auch ein Schutz- und Gewährleistungsauftrag zu entnehmen. Sie verlangen vom Staat, soziale, ökonomische und kulturelle Voraussetzungen menschenwürdigen Lebens zu gewährleisten, und verpflichten ihn, Individuen vor Menschenrechtsverletzungen durch Dritte zu bewahren. Daraus lässt sich eine Pflicht zur Regulierung und Sanktionierung von Unternehmen ableiten, um von ihnen begangene Menschenrechtsverletzungen zu verhindern beziehungsweise zu ahnden.

Trotz dieses normativen Anspruchs sind Menschenrechtsverletzungen in der globalen Wirtschaft eine Realität. Gerade in Zeiten, in denen Staaten an Steuerungsfähigkeit verlieren, ist es aber umso wichtiger, an der staatlichen menschenrechtlichen Schutz- und Gewährleistungspflicht festzuhalten. Es muss von den Staaten eingefordert werden, dass sie rechtlich und politisch Verantwortung übernehmen. Daher verlangen Menschenrechtsorganisationen und soziale Bewegungen unter anderem, dass die Beteiligung von Unternehmen an Menschenrechtsverletzungen mit Hilfe nationaler Straf- und Zivilrechtsverfahren aufgeklärt wird und Entschädigungsmechanismen eingeführt werden.

1. Wirtschaftsrecht versus Menschenrechte (national)

Wirtschaftliche Aktivitäten bedürfen rechtlicher Regulierung, wobei das Recht oft den tatsächlichen Praktiken nachfolgt und insbesondere das Privateigentum sichert. So betreffen große Teile des römischen Rechts, in dessen Tradition die kontinentaleuropäischen wie letztlich auch die anglo-amerikanischen Rechtsordnungen stehen, die Abwicklung der Verträge über den Warentausch und das Eigentum. Dabei bedient sich das nationale Privat- und Wirtschaftsrecht bis heute der Fiktion, dass die an einer Transaktion beteiligten Menschen (VertragspartnerInnen) gleich seien. Diese formale Gleichheit vor dem Gesetz wird seit Langem von Juristen wie seinerzeit Franz Neumann und Otto Kirchheimer als Konstruktion kritisiert, die im Interesse der dominierenden gesellschaftlichen Akteure die eigentliche soziale und ökonomische Verteilung von Macht verschleiere. Denn zwischen den formal gleichen VertragspartnerInnen kann große faktische Ungleichheit herrschen, beispielsweise zwischen ArbeitgeberIn und ArbeitnehmerIn oder zwischen VermieterIn und MieterIn. Recht stabilisiere auf diese Weise bestehende klassenbasierte, rassistische, patriarchalische und heteronormative Machtverhältnisse.

Trotz der berechtigten Kritik, dass Recht auf nationaler Ebene Macht zementiert, belegt die Geschichte, dass strukturell benachteiligte Gruppen in bürgerlichen Gesellschaften mehr Schutz und gesellschaftliche Freiräume auch über das Recht erkämpft haben. So gelang es beispielsweise ArbeiterInnen oder MieterInnen mit zunehmender politischer Partizipation in Staaten wie Deutschland, ihre Interessen durch Arbeitsschutz-, Gleichberechtigungs- und Mietgesetzgebung abzusichern. Im nationalen Rahmen politischer Demokratien in Europa und Nordamerika konnten also Kompromisse zwischen Parteien und Klassen in ungleichen Machtpositionen ausgehandelt werden, die dann im Recht verankert wurden.

Doch unter den Bedingungen der globalisierten Wirtschaft des 21. Jahrhunderts ist es ungleich schwieriger, die Interessen benachteiligter Gruppen mit Hilfe des nationalen Rechts gegen Wirtschaftsbelange durchzusetzen. Soziale und rechtliche Kämpfe um Menschenrechte können im Gegensatz zum 19. und frühen 20. Jahrhundert heutzutage nicht mehr allein auf nationaler Ebene geführt werden, da die wirtschaftliche Produktion nicht länger überwiegend nationalstaatlich organisiert ist. Aktuelle Auseinandersetzungen involvieren Akteure in nationalen, regionalen und globalen Foren, die jeweils unterschiedlichen Regelungskonstrukten unterliegen. Insofern sind soziale Kämpfe mit juristischen Instrumenten deutlich komplexer als vor hundert Jahren.

So ist ein wesentliches Merkmal moderner Herstellungsverfahren die Aufteilung von Produktionsschritten und damit auch von Verantwortung auf vielfältige, örtlich voneinander getrennte Unternehmen, die jeweils der Jurisdiktion verschiedener Nationalstaaten unterliegen. Angesichts solcher Produktionsnetzwerke ist es schwer, klare Verantwortlichkeiten von transnational agierenden Unternehmen für menschenrechtliche Problemlagen zu definieren. Denn ein Unternehmen wie Siemens produziert nicht allein an verschiedenen Standorten in Deutschland, sondern verfügt über ein breites Netz an Tochterunternehmen, Joint Ventures und Zulieferbetrieben in aller Welt. Das Tätigkeitsumfeld etwa von ArbeiterInnen in Indonesien, die Bauteile für Siemens-Produkte herstellen, wird von verschiedenen Akteuren beeinflusst: Der indonesische Staat setzt die Rahmenbedingungen wirtschaftlicher Aktivitäten fest und bestimmt darüber, in welchem Umfang Arbeits- und Umweltschutzgesetze gelten und ob deren Umsetzung staatlich kontrolliert wird; der Besitzer der lokalen Fabrik bestimmt über den unmittelbaren Arbeitsalltag, die Arbeitsplatzsicherheit und die Bezahlung; das Tochterunternehmen der deutschen Siemens AG vergibt Aufträge an die lokale Fabrik und definiert Preis- und Einkaufspolitiken, während die Konzernspitze die grundsätzlichen ökonomischen Politiken des Unternehmens festlegt. Diese Akteure werden juristisch jeweils als unabhängige Rechtspersönlichkeiten gefasst, die keine Verantwortung füreinander tragen und damit auch nicht füreinander haften. Zudem unterliegt die Siemens AG Deutschland dem deutschen, die indonesischen Tochter- und Zulieferbetriebe aber dem indonesischen Recht. Verantwortungsdiffusion könnte man das nennen – und zwar als bewusster und gesteuerter Vorgang, keineswegs zufällig.

2. Wirtschaftsrecht versus Menschenrechte (international)

Auch das Völkerrecht begünstigt die Wirtschaftsinteressen der im Norden ansässigen Akteure, was nicht zuletzt auf die kolonialen Wurzeln des Völkerrechts zurückzuführen ist. Die globalen Machtverhältnisse, welche sich im Völkerrecht niederschlagen, waren jedenfalls schon 1945 eindeutig vom globalen Norden dominiert. Laut dem Juristen Antony Anghie beruht das Völkerrecht auf Prinzipien, die aus der europäischen Geschichte und Erfahrung heraus entwickelt wurden. Bis Anfang des 20. Jahrhunderts seien die nichteuropäische und nichtnordamerikanische Welt aus dem Geltungsbereich des Völkerrechts ausgeschlossen gewesen. Nach 1945 seien die völkerrechtlichen Prinzipien schlicht auf die nichteuropäische Welt ausgedehnt worden. Der Rechtswissenschaftler Makau Mutua schließt hier an und sieht die Menschenrechte und deren Universalisierung als Teil eines historischen Kontinuums westlicher konzeptioneller und kultureller Dominanz. Die von den Menschenrechten verkörperten europäischen Werte seien unauflöslich mit einem Wahrnehmungsmuster verknüpft, das Nichteuropäer entweder als Barbaren dämonisiere oder als passive Opfer einordne, auf jeden Fall aber als von der Norm abweichende »Andere« kategorisiere. Den weißen Europäern sei dagegen die Rolle der Retter, der

Menschenrechtsverteidiger zugeschrieben. Die Globalisierung der Menschenrechte passe in das historische Muster, wonach die Moral und das Gute aus dem Westen kämen, der gegenüber niedrigeren Kulturen im Rest der Welt als zivilisatorischer Agent tätig werde.

Mutua und Anghie kritisieren dabei weniger den normativen Gehalt der Menschenrechte, die ein Mindestmaß an menschenwürdigem Leben absichern sollen und über ein emanzipatorisches Potential verfügen. Vielmehr weisen sie auf die dem landläufigen Menschenrechtsdiskurs eingeschriebenen Machtverhältnisse zwischen Akteuren aus dem globalen Süden und Norden sowie die ökonomisch-politische Agenda hin, mit der westliche Staaten den institutionalisierten Menschenrechtsdiskurs bestimmen. Allzu oft rechtfertigen westliche Staaten militärische Interventionen unter Berufung auf die Menschenrechte, etwa bei der zweiten Invasion des Irak durch die USA und ihre Verbündeten. Wie bereits dargelegt, werden auch Freihandelspolitiken als Maßnahmen zur Förderung wirtschaftlicher Entwicklung und zur Verwirklichung sozialer und wirtschaftlicher Menschenrechte dargestellt.

3. Internationales Wirtschaftsrecht und Lex Mercatoria

Mit zunehmendem weltweiten Wirtschaftsverkehr schufen Staaten und Unternehmen ein System internationaler und transnationaler Regelungen zu dessen Absicherung. Wirtschaftliche Beziehungen werden über die Freihandelsbestimmungen der Welthandelsorganisation (World Trade Organisation, WTO), aber auch über regionale und bilaterale Vereinbarungen wie Freihandels- und Investitionsschutzabkommen geregelt. Diese Bestimmungen werden zusammen mit den internationalen Zoll- und Steuervereinbarungen als Wirtschaftsvölkerrecht bezeichnet, da Staaten über völkerrechtliche Verträge wirtschaftliche Rahmenbedingungen setzen. Daneben gestalten Unternehmen ihre wirtschaftlichen Beziehungen über die sogenannte Lex Mercatoria, eine Vielzahl bilateraler vertraglicher und branchenspezifischer Regelungen jenseits staatlicher Rechtsvorschriften. Hierzu gehören privat, also nichtstaatlich organisierte Mechanismen, insbesondere Schiedsgerichte, vor denen ausschließlich die beteiligten Unternehmen über Konflikte im Zusammenhang mit selbstgesetzten Regeln verhandeln. Die Verbindlichkeit dieser in Eigenregie geschaffenen Wirtschaftsregeln wird zwar von TheoretikerInnen angezweifelt, von den Unternehmen jedoch nicht in Frage gestellt.

Sowohl die wirtschaftsvölkerrechtlichen Regelungen als auch die Lex Mercatoria schützen in erster Linie das Bedürfnis transnationaler Unternehmen nach strukturierten Handels- und Wirtschaftsabläufen und möglichst umfangreicher Absicherung ihrer Profite. Problematisch an der Lex Mercatoria ist, dass sie sich dem Zugriff der Staaten entzieht, auf deren Territorium die Geschäfte getätigt werden, denn ihnen wird somit die Möglichkeit verwehrt, diese Regelungen zu steuern. Im Wirtschaftsvölkerrecht, insbesondere im Rahmen von Freihandels- und Investitionsschutzabkommen, schaffen hingegen die Staaten selbst die Normen, die ihre eigene Fähigkeit zur Regulierung wirtschaftlicher Aktivitäten zum Teil erheblich einschränken. So verklagen Staaten einander wegen Verstößen gegen Freihandelsbestimmungen vor Beschwerdestellen der WTO, beispielsweise wenn eine Regierung Maßnahmen zum Umweltschutz oder zur Gesundheitsvorsorge der Bevölkerung ergreift.

Zu den umstrittensten Mechanismen, mit denen das Wirtschaftsvölkerrecht durchgesetzt wird, zählen Schiedsverfahren wegen der Verletzung von Investitionsschutzabkommen. Die Investitionen ausländischer Unternehmen sollen vor Enteignungen und wirtschaftlichen Verlusten aufgrund willkürlicher und unfairer politischer Behandlung geschützt werden. Diese Abkommen werden zwar zwischen Staaten als völkerrechtliche Verträge geschlossen, geben aber den Unternehmen,

die in den jeweiligen Ländern investieren, das Recht, selbstän-
dig gegen den Staat vorzugehen.

Zwei Fälle aus dem Investitionsschutzrecht sind paradigmatisch für die menschenrechtlichen Implikationen solcher
Verfahren. Die sogenannten Wasserkriege in Cochabamba
und El Alto waren Auseinandersetzungen um das Menschenrecht auf Wasser und die über Investitionsschutzabkommen
geschützte Privatisierung der Wasserversorgung in Bolivien.
Ende der 1990er Jahre wurden dort im Einklang mit einem
zentralen Dogma neoliberalen Wirtschaftens die Wasserversorgung und das Abwassersystem privatisiert, die Preise er-
höht und damit viele Betroffene praktisch von der Wasserversorgung abgeschnitten. In El Alto wurde die versprochene
Ausweitung der Wasserversorgung auf ärmere Stadtviertel ge-
stoppt. In Cochabamba kämpfte ein Bündnis von Dezember
1999 bis April 2000 mit Streiks, Protesten und Blockaden für
die Rücknahme der Konzession und des Gesetzes zur Was-
serprivatisierung. Bolivianische Polizei und Militärs gingen
gewaltsam gegen die Bewegung vor, zahlreiche Verletzte und
ein Todesopfer waren die Folge. Am Ende lenkte die Regierung jedoch ein und revidierte die Konzession. Im Anschluss
verklagte ein US-Investor Bolivien vor einem Schiedsgericht
des »International Centre for Settlement of Investment Dis-
putes« (ICSID), das der Weltbank zugehört, auf 25 Millionen
Dollar Schadensersatz, zog diese Klage jedoch auf zivilgesellschaftlichen Druck 2006 zurück. Auch im Falle von El Alto
nahm die Regierung schließlich 2005 die Konzession zurück,
woraufhin ebenfalls ein ICSID-Verfahren drohte. Die bolivianische Regierung entschädigte die ausländischen Investoren
mit 5,5 Millionen Dollar und übernahm 9,6 Millionen Dollar Kreditschulden, um das Verfahren zu beenden. Beide Fälle machen deutlich, wie internationale Wirtschaftsverträge
und die dazugehörigen Schiedsverfahren die demokratische
Selbstbestimmung und die Fähigkeit von Regierungen einschränken, Menschenrechtsschutz, hier das Menschenrecht
auf Wasser, zu gewährleisten.

Auch die Klage des in Frankreich beheimateten Unternehmens Veolia gegen den ägyptischen Staat verdeutlicht, wie Unternehmen staatliches Handeln sanktionieren können, auch wenn sie nicht unmittelbar Menschenrechte betrifft. Veolia strengte ein Verfahren vor einem Schiedspanel unter dem Dach des ICSID wegen der Verletzung des ägyptisch-französischen Investitionsschutzabkommens an und verlangte laut Medienberichten 82 Millionen Euro Schadensersatz. Das Unternehmen hatte einen Vertrag mit der Stadt Alexandria über die städtische Müllentsorgung abgeschlossen; als 2011 die ägyptische Regierung den monatlichen Mindestlohn von 400 auf 700 ägyptische Pfund, also von umgerechnet 41 auf 72 Euro anhob und bei Veolia die Personalausgaben stiegen, wollte Veolia diese zusätzlichen Ausgaben erstattet bekommen. Da die Stadt eine Vertragsveränderung ablehnte, erwirkte der Konzern wegen des behaupteten Eingriffs in seine Vermögenswerte, die einer Enteignung gleichkomme, das Verfahren, welches noch nicht abgeschlossen ist.

Aber nicht nur die Staaten des Südens sind solchen horrenden Schadensersatzklagen vor ICSID-Panels ausgesetzt. Auch die Handlungsoptionen europäischer Staaten werden über Investitionsschutzverträge beschnitten. So wurde die Bundesrepublik Deutschland von Vattenfall wegen angeblicher vier Milliarden Euro Verluste als Folge des Atomausstiegs vor ein ICSID-Schiedspanel gebracht. Vattenfall versucht damit, die Entscheidung einer demokratisch legitimierten Regierung für den Atomausstieg als enteignungsgleichen Eingriff zu deklarieren. Eine Entscheidung steht noch aus. Ein privates, höchst intransparentes Schiedspanel, das keiner demokratischen Kontrolle unterliegt, soll demnach staatliche Entscheidungen mit empfindlich hohen Schadensersatzzahlungen sanktionieren. Bei aller Empörung über derartige Verfahren ist aber nicht zu vergessen, dass die Staaten selbst diese Investitionsschutzverträge abschließen und so ihre eigenen Handlungsoptionen einschränken.

Angesichts der bisherigen Erfahrungen ist der Widerstand in Europa gegen die Einführung von Schiedsverfahren zur Durchsetzung und Kontrolle des Freihandels- und Investitionsschutzabkommens TTIP zwischen der EU und den USA also unmittelbar einleuchtend – wobei anzumerken ist, dass sich die Kritik an dieser Art von Abkommen erst ausbreitete, als die europäischen BürgerInnen selbst in der Rolle der Schwächeren betroffen waren, und nicht bereits bei einer der zahlreichen vorherigen Verhandlungen mit Staaten aus der Andenregion, Afrika oder Südasien.

An der Entwicklung der Grundfreiheiten in der Europäischen Union ist ebenfalls erkennbar, dass Wirtschaftsinteressen am freien Verkehr von Waren und Arbeitskräften demokratisch legitimierte Arbeits- und Sozialordnungen in den Mitgliedsstaaten schwächen können und dabei auch von den EU-Institutionen unterstützt werden. So erklärte der Europäische Gerichtshof (EuGH) in mehreren Entscheidungen fundamentale Streik- und Boykottrechte in den EU-Mitgliedsstaaten wie auch sozialstaatliche Schutzregelungen im deutschen Tariftreuegesetz und dem luxemburgischen Entsendegesetz für nachrangig gegenüber der im EU-Vertrag verankerten Niederlassungs- und Dienstleistungsfreiheit von Firmen. Obwohl soziale Rechte durchaus in den EU-Normen und insbesondere im Vertrag von Lissabon festgeschrieben sind, behandeln die EU-Institutionen, allen voran die EU-Kommission und der EuGH, die Marktfreiheiten (Warenverkehrs-, Niederlassungs-, Dienstleistungs- und Kapitalverkehrsfreiheit sowie Arbeitnehmerfreizügigkeit) immer wieder bevorzugt gegenüber sozialen und menschenrechtlichen Belangen, obwohl anzumerken ist, dass gerade beim EuGH auch gegenläufige Tendenzen erkennbar sind, sei es bei der Arbeitnehmer-Überlassungs-Richtlinie oder der jüngsten Serie von Entscheidungen zum Datenschutz, welche deutlich die Rechtslage zugunsten von ArbeitnehmerInnen und der Menschenrechte verbessert haben.

4. Die Schwäche der Menschenrechte

Auf der normativen Ebene handelt es sich bei den Menschenrechten um ein umfassend entwickeltes Rechtsgebiet. So formulierte die »Allgemeine Erklärung der Menschenrechte der Vereinten Nationen« von 1948 wichtige Programmsätze wie das Recht auf die Unversehrtheit der Person und Meinungsfreiheit, die Rechte auf Nahrung und Wasser, auf gerechte Arbeitsbedingungen, Organisationsfreiheit und einen angemessenen Lebensstandard. Rechtsverbindlich wurden diese und andere politische wie soziale und wirtschaftliche Rechte 30 Jahre später mit dem Inkrafttreten der großen Menschenrechtspakte, des Internationalen Paktes zum Schutze wirtschaftlicher, sozialer und kultureller Rechte (Sozialpakt) einerseits und des Internationalen Paktes zum Schutze bürgerlicher und politischer Rechte (Zivilpakt) andererseits. Die Auslegung des Zivilpaktes ist in zahlreichen Entscheidungen individueller Beschwerdeverfahren bei den UN-Vertragsorganen ausdifferenziert worden. Da es bis vor wenigen Jahren kein solches Individualbeschwerdeverfahren zum Sozialpakt gab, ist die Dogmatik hier auch weniger entwickelt. Auch die regionalen Menschenrechtssysteme, mit dem Interamerikanischen Menschenrechtsgerichtshof, dem Europäischen Gerichtshof und dem Afrikanischen Gerichtshof für Menschenrechte, verfügen über umfangreiche Menschenrechtschartas. Insbesondere in Lateinamerika und Afrika genießen soziale und wirtschaftliche Menschenrechte Schutz. In den Konventionen der Internationalen Arbeitsorganisation (ILO) sind ebenfalls detaillierte Menschen- und Arbeitsrechte enthalten, etwa das Verbot von Zwangsarbeit, schweren Formen der Kinderarbeit oder der Schutz der Organisationsfreiheit.

Die Schwäche der Menschenrechte liegt also nicht darin begründet, dass sie nicht klar umschrieben und verbindlich festgelegt wären. Vielmehr ist die Durchsetzung schwierig, und oft fehlt es an Klagemechanismen. Das gilt selbst für die ergangenen Entscheidungen der Menschenrechtsgerichtshöfe, der UN-Menschenrechtsverfahren und ILO-Verfahren. Denn es gibt keine Instanz, die Staaten dazu zwingen könnte, die Richtersprüche oder Feststellungen der ILO, der UN-Gremien oder der Menschenrechtsgerichtshöfe umzusetzen.

Die Schwäche der Menschenrechte liegt aber auch in der Völkerrechtsdogmatik begründet. Denn es besteht keine Normenhierarchie, nach der die Menschenrechtspakte als eine Art Weltverfassung über den wirtschaftsrechtlichen Normen stehen würden. Das Wirtschaftsvölkerrecht muss daher nicht – wie etwa oft auf nationaler Ebene in Deutschland – im »Lichte der Verfassung« beziehungsweise der Menschenrechte ausgelegt werden. Angesichts parallel nebeneinander stehender Rechtssysteme und der damit einhergehenden Fragmentierung des Rechts ist nicht vorgegeben, dass bei einer Kollision von Menschenrechts- und Wirtschaftsregelungen Erstere den Vorrang hätten. Faktisch setzen sich dann allzu häufig die wirtschaftlichen Interessen durch.

Im Übrigen können Unternehmen nicht vor den Menschenrechtsgerichtshöfen und UN-Vertragsorganen angeklagt werden. Denn durch die völkerrechtlichen Menschenrechtsverträge sind allein Staaten unmittelbar rechtlich gebunden. Nach überkommener, immer noch herrschender Auffassung sind Unternehmen im völkerrechtlichen Sinne zunächst nichts als Zusammenschlüsse privater Personen, welche nicht von den internationalen Menschenrechts- und Arbeitsrechtskonventionen erfasst sind. Es gibt die Tendenz, dieses Dogma der alleinigen Völkerrechtssubjektivität von Staaten aufzuweichen; so wird zunehmend anerkannt, dass sowohl Individuen als auch Unternehmen zumindest begrenzte Rechte und Pflichten und damit eine sogenannte partielle Völkerrechtssubjektivität haben. Dennoch bleibt es Realität, dass Unternehmen nicht vor den Klage- oder Beschwerdeinstanzen des UN-Menschenrechtssystems oder der ILO belangt werden können, während das Wirtschaftsvölkerrecht ihnen eine partielle Völkerrechtssubjektivität im Rahmen weitgehender Beschwerderechte einräumt. Immerhin können einzelne

MitarbeiterInnen und ManagerInnen als Individuen zur Verantwortung gezogen werden, wenn sie Völkerstraftaten begehen. Zurzeit entziehen sich die Unternehmen als wirkungsmächtige Akteure der Weltwirtschaft aber noch dem Zugriff des Menschenrechtsregimes.

Dieses beständige Ungleichgewicht zwischen Wirtschafts- und Menschenrechten ist Ausdruck der globalen Machtverhältnisse: Transnationale Konzerne und viele Regierungen nutzen das Völkerrecht, um globales Wirtschaften zu organisieren und abzusichern. Das hegemoniale neoliberale Paradigma wie auch die neokoloniale Dominanz setzen sich im Völkerrecht fort. Wo seitens der wirtschaftlichen Akteure ein Interesse daran besteht, gibt es sowohl rechtliche Verbindlichkeit als auch wirksame Durchsetzungsmechanismen. Dort, wo verbindliche Normen Wirtschaftsinteressen entgegenstehen könnten, sind diese dagegen rar und oft wirkungslos.

V. Juristische Verfahren gegen Unternehmen wegen Menschenrechtsverletzungen

Der nun folgende Blick auf die Praxis bestätigt die ernüchternde Einschätzung, dass die Geltung der Menschenrechte durch schwache Durchsetzungsmechanismen beeinträchtigt wird. Weltweit gibt es aber auch Fälle, in denen Unternehmen oder einzelne MitarbeiterInnen wegen der Verletzung von Menschenrechten auf nationaler Ebene zivil- oder strafrechtlich haftbar gemacht werden.

Seit den Nürnberger Prozessen ist der Diskurs um die (menschen-)rechtliche Verantwortung von Unternehmen eng verknüpft mit der Geschichte des Völkerstrafrechts. Denn seitdem ist anerkannt, dass die sogenannten »core crimes«, das heißt Völkermord, Verbrechen gegen die Menschlichkeit und bestimmte Kriegsverbrechen, nach dem Völkerrecht strafbar sind. Das Völkerstrafrecht verpflichtet alle Menschen, unabhängig von ihrer Funktion in Regierung, Militär oder in einem Wirtschaftsunternehmen. Geregelt ist dies in internationalen Konventionen wie den Genfer Konventionen von 1949, der UN-Antifolterkonvention und dem Römischen Statut des Internationalen Strafgerichtshofs (IStGH) sowie im nationalen Strafrecht, etwa dem deutschen Völkerstrafgesetzbuch. Das heißt, ManagerInnen und Angestellte von Unternehmen können grundsätzlich wegen der Beteiligung an Völkerstraftaten vor dem Internationalen Strafgerichtshof in Den Haag oder vor nationalen Gerichten von Staaten verfolgt werden, die derartige Verbrechenstatbestände in ihre Rechtsordnung aufgenommen haben. Da bis vor wenigen Jahren die Strafbarkeit von Unternehmen in der Regel nicht gesetzlich vorgesehen war, wendeten sich bis dato die meisten Strafverfahren gegen Einzelpersonen aus der verantwortlichen Firma.

In der Geburtsstunde des Völkerstrafrechts wurden in Nürnberg nicht nur die Verbrechen staatlicher und militärischer Verantwortlicher verurteilt. Die Ankläger von Nürnberg wollten vielmehr auch ein zweites großes Tribunal über die wirtschaftlichen Akteure abhalten. Als dieses scheiterte, stellten sie in den Nachfolgeverfahren die Eigentümer und Manager der Wirtschaftskonzerne Krupp, IG Farben und Flick vor Gericht. Die Prozesse gegen die großen Industriellen des Nazi-Regimes sind als Reaktion auf die Beteiligung von Unternehmen an den Verbrechen der nationalsozialistischen Führungsriege zu verstehen. Ziel der US-amerikanischen Anklagestrategie war es, den Nachweis einer militärischen, wirtschaftlichen und politischen Kollaboration bei der Führung von Angriffskriegen und den damit einhergehenden Menschenrechtsverletzungen zu erbringen. Dem lag eine umfassende politische und ökonomische Analyse des Nationalsozialismus zugrunde, die unter anderem auf den Thesen von Franz Neumanns Buch *Behemoth* basiert. Neumann beschreibt die Verteilung der Macht in der nationalsozialistischen Gesellschaft auf vier Säulen: Partei, Ministerialbürokratie, Wehrmacht und Privatwirtschaft. Nach dieser Einteilung sind die Nachfolgeprozesse strukturiert, in denen neben den politischen Machthabern, Parteifunktionären und Militärs auch die Industriellen, Juristen und Ärzte angeklagt wurden. Den Industriemonopolen wirft Neumann vor, die wirtschaftlichen Voraussetzungen für die Expansionsbestrebungen der politischen und ministerialbürokratischen Eliten geschaffen zu haben.

Die Wirtschaftsprozesse machten zwar ein Drittel aller Nürnberger Verfahren aus. Mit zunehmenden Spannungen zwischen den westlichen Alliierten und der UdSSR sahen sich die Ankläger jedoch gezwungen, die Verfahren gegen die Wirtschaftseliten vorzeitig abzuschließen. Denn nach Ansicht der westlichen Alliierten wurden die alten NS-Eliten für den Wiederaufbau der Bundesrepublik Deutschland gebraucht.

Dieser Teil der Rechtsgeschichte, der die Strafbarkeit der Komplizenschaft von Unternehmen im Kontext von Kriegsverbrechen festlegt, geriet in den folgenden Jahrzehnten fast vollkommen in Vergessenheit. Weder die UN-Tribunale für Jugoslawien und Ruanda noch der Internationale Strafgerichtshof haben bisher nennenswerte Verfahren gegen wirtschaftliche Akteure geführt – obwohl sich alle KommentatorInnen einig sind, dass dies grundsätzlich möglich wäre. Viele der großen Konflikte, die derzeit Gegenstand von Ermittlungen in Den Haag sind, haben wirtschaftliche Ursachen – man denke nur an die gewalttätigen Auseinandersetzungen um die Rohstoffe im Osten des Kongos. Seit Jahren sind die Edelmetallminen im Kongo Anlass brutaler Auseinandersetzungen zwischen verschiedenen Warlords und Truppen der Zentralregierung, da die abgebauten Rohstoffe eine willkommene Einnahmequelle sind. Es wäre möglich, die ManagerInnen der beteiligten Wirtschaftsunternehmen wegen Kriegsverbrechen zu verfolgen, weil die Ausbeutung von Arbeitskräften in kongolesischen Minen sklavereiähnliche Zustände annehmen kann. Zudem kann der Abbau von Rohstoffen in Konfliktregionen als Plünderung und damit als eigenes Kriegsverbrechen aufgefasst werden. Die Lieferung von Waffen an bestimmte paramilitärische Gruppen, das Beschaffen von technischem Zubehör oder schlicht die Finanzierung bewaffneter Gruppen lassen sich bei entsprechendem Vorsatz der beteiligten Unternehmen und ihrer führenden Angestellten als Beihilfe zu Kriegsverbrechen oder Verbrechen gegen die Menschlichkeit darstellen. Dennoch ist aus vielfältigen Gründen bisher niemand wegen derartiger Taten angeklagt worden.

Dafür hat in den letzten zwei Dekaden auf der nationalen Ebene eine bemerkenswerte Entwicklung stattgefunden: Die von Menschenrechtsverletzungen Betroffenen nutzen immer wieder nationale zivil- oder strafrechtliche Verfahren, um gegen die an Völkerstraftaten beteiligten Unternehmen und ihre Manager vorzugehen. Das, was die Menschenrechte versprechen, aber vor internationalen Instanzen oft nur schwer durchsetzbar ist, die Anerkennung von Unrecht und das Wiederherstellen von Würde, wollen die Betroffenen, ihre Organisationen und AnwältInnen vor nationalen Gerichten in den USA, in Europa und im globalen Süden einfordern.

1. Schadensersatzklagen in den USA

Von besonderer Bedeutung für alle folgenden Verfahren auch an anderen Orten der Welt waren Zivilklagen in den USA, wobei die prominenten Verfahren gegen die Ölfirmen Unocal und Shell sowie die Apartheidsfälle in Südafrika thematisch an die Nürnberger Prozesse anknüpfen: Denn es ging um die Zusammenarbeit von Unternehmen mit verbrecherischen Regimen. In den 1990er Jahren begannen erstmals Betroffene gemeinsam mit JuristInnen und Nichtregierungsorganisationen, transnationale Unternehmen auf Grundlage des nationalen Zivilrechts wegen Menschenrechtsverletzungen zur Verantwortung zu ziehen. Menschenrechtsorganisationen wie das »Center for Constitutional Rights« und »EarthRights International« nutzten zusammen mit Anwaltskanzleien ein seit 1789 geltendes Gesetz, den Alien Tort Claims Act (ATCA). Dieses Gesetz war eigentlich nicht für solche Art von Klagen bestimmt. Es sollte ursprünglich ausländischen Bürgern ermöglichen, vor US-amerikanischen Gerichten auf Schadensersatz zu klagen, wenn ein Verstoß gegen »the law of nations«, ein altmodischer Ausdruck für das Völkerrecht, vorliegt, selbst wenn das schädigende Ereignis außerhalb der USA stattgefunden hatte. Ein solcher Verstoß lag nach dem Verständnis des 18. Jahrhunderts insbesondere bei Piraterie und Verstößen gegen das Recht auf diplomatisches Geleit vor.

Während in den ATCA-Prozessen zunächst staatliche Akteure, beispielsweise ein paraguayischer Folterer, verklagt wurden, zogen die Betroffenen später gegen Unternehmen vor Gericht. Anders als in strafrechtlichen Verfahren ging es hier nicht um die (straf-)rechtliche Verantwortung einzelner ManagerInnen, sondern um die zivilrechtliche Haftung der Unternehmen an sich. Im ersten Verfahren klagten 1996 burmesische Betroffene gegen ein Joint Venture der US-amerikanischen Ölfirma Unocal Corporation, der französischen Total S.A. und der burmesischen Myanmar Oil and Gas Enterprise auf Schadensersatz. Dieses ließ 1995 eine Pipeline bauen, um Erdgas von Gasfeldern im Andamanischen Meer über Burma nach Thailand zu exportieren. Bei dem Bau tötete und folterte die burmesische Armee zahlreiche ArbeiterInnen und zwang sie zur Arbeit. Unocal und Total wurde vorgeworfen, Angehörige der Armee bezahlt und mit ihr kooperiert zu haben, um durch Druck und Gewalt die Arbeit an der Pipeline zu sichern.

In einer Grundsatzentscheidung aus dem Jahr 1997 entschieden die Richter des US District Court in Los Angeles, dass auf Grundlage des Alien Tort Claims Act auch private Unternehmen und ihre Geschäftsführer für Völkerrechtsverletzungen im Ausland vor US-Gerichten zur Verantwortung gezogen werden können. Bevor es zu einer endgültigen Entscheidung in dem Verfahren kam, wurde der Prozess im März 2005 mit einem Vergleich zwischen den Parteien beendet. In diesem verpflichtete sich Unocal, die Opfer zu entschädigen und Projekte zur Verbesserung der Lebensbedingungen, des Gesundheits- und Bildungswesens sowie zum Schutze der Rechte der Menschen in der Region zu finanzieren.

Auch Betroffene der Verbrechen der Apartheid in Südafrika haben in den USA gegen acht US-amerikanische und europäische Unternehmen aus der Automobilbranche und aus dem IT-Bereich, gegen Banken und einen deutschen Rüstungskonzern (Barclays, Daimler, Ford, Fujitsu, General Motors, IBM, Rheinmetall und Union Bank Schweiz) geklagt. Die »Khulumani Support Group« – mit über 600 000 Mitgliedern die größte Selbstorganisation von Überlebenden der Apartheid – nutzte diese Klage als strategisches Mittel in ihrem Kampf für Wiedergutmachung und stellte sie explizit in die Tradition der Nürnberger Nachfolgeprozesse. Der 1995 gegründete Verband vertritt die Interessen der von der

Apartheid Betroffenen, welche nach ihrer Auffassung bisher vom südafrikanischen Staat nicht angemessen entschädigt worden sind. Es fehlt nach Einschätzung von Khulumani zudem an angemessenen Förder- sowie Rehabilitationsprogrammen, um die Langzeitfolgen des Unrechts der Apartheid zu überwinden. Vor allem die Wirtschaftsakteure, die an den Verbrechen beteiligt waren und von ihnen massiv profitierten, wurden bislang nicht ausreichend in die Pflicht genommen. Weder mussten sie im sogenannten Wahrheits- und Versöhnungsprozess auftreten und über ihre Rolle während der weißen Vorherrschaft Auskunft geben, noch mussten sie in einen Entschädigungsfonds einzahlen.

In ihrer Klage wirft Khulumani den Unternehmen vor, durch ihre wirtschaftlichen Aktivitäten in Südafrika während des Apartheid-Regimes entweder direkt selbst Menschenrechte verletzt oder durch die Lieferung entsprechender Güter schwerste staatliche Menschenrechtsverletzungen ermöglicht und unterstützt zu haben, namentlich Hinrichtungen, Folter und Vergewaltigungen. Über Jahre stritten die Prozessparteien in mehreren Instanzen über die Zuständigkeit der US-Justiz; mit Urteil vom August 2014 wies der Southern District Court of New York die Klage aus formalen Gründen endgültig ab. Einzig das beklagte Unternehmen General Motors hatte sich bereits 2012 aufgrund des öffentlichen Drucks im Rahmen eines außergerichtlichen Vergleichs bereit erklärt, Entschädigungen in Höhe von 1,5 Millionen US-Dollar zu zahlen.

Exemplarische Bedeutung hatte das bereits genannte Verfahren gegen Shell wegen der Ermordung von Ken Saro-Wiwa und der anderen acht Ogoni-Aktivisten. Da in Nigeria sowohl Straf- als auch Schadensersatzverfahren ohne jegliche Aussicht auf Erfolg waren, strengten die Familienangehörigen der Getöteten ab 1996 mehrere Klagen vor einem Gericht in New York gegen Royal Dutch Shell und den für Nigeria zuständigen Manager Brian Anderson an. Die Kläger warfen ihnen vor, durch eine nigerianische Tochterfirma zwischen 1992 und 1995 nigerianische Sicherheitskräfte transportiert, auf dem Unternehmensgelände untergebracht und versorgt und hierdurch Beihilfe zu den von den Sicherheitskräften begangenen Verbrechen wie Folter und Hinrichtungen geleistet zu haben. Die Klage gegen Shell steht im globalisierungskritischen wie im menschenrechtlichen Diskurs paradigmatisch für die Forderung, dass transnationale Unternehmen für ihre Beteiligung an Menschenrechtsverletzungen weltweit rechtlich zur Verantwortung gezogen werden müssen, selbst wenn sie im engeren juristischen Sinne in den USA nur teilweise erfolgreich waren.

Am 9. Juni 2009 verglich sich der Konzern im Wiwa-Fall nach über zehn Jahren des Prozessierens außergerichtlich und ohne Schuldeingeständnis mit den Hinterbliebenen von Ken Saro-Wiwa und den anderen acht Hingerichteten. Das Unternehmen zahlte 15,5 Millionen US-Dollar, um das unabsehbare Risiko eines Urteils zu umgehen. Während diese erste Klage also immerhin mit einer Geldzahlung an die Betroffenen endete, führte eine andere Klage der Angehörigen im Fall von Barinem Kiobel gegen Shell zu einer erheblichen Schwächung des ATCA. Die unteren Gerichtsinstanzen sahen die Klage mangels einer hinreichenden Verbindung zwischen Shell und den USA als unzulässig an. Hiergegen zogen die KlägerInnen vor den Supreme Court der USA. Dieser urteilte in einer Grundsatzentscheidung im April 2013, dass der Alien Tort Claims Act nur dann auf Unternehmen anwendbar sei, wenn die Handlungen einen territorialen Bezug zu den USA aufwiesen, der über eine bloße Präsenz der Firma hinausgeht. Bei im Ausland begangenen Menschenrechtsverbrechen durch ein Tochterunternehmen, dessen Mutterkonzern seinen Sitz nicht in den USA hat, sei diese starke Verwobenheit in der Regel nicht gegeben.

Mit dieser Entscheidung schränkte das oberste US-Gericht die universelle Justiz in Zivilsachen in den USA und die Möglichkeit, transnational tätige Unternehmen mit Hilfe des Alien Tort Claims Act zur Verantwortung zu ziehen, erheblich ein. Nachdem in weiteren Verfahren die Klagen gegen nicht in den

USA ansässige Firmen für unzulässig erklärt wurden, dürfte es künftig schwer sein, wirtschaftliche Akteure, die Menschenrechtsverletzungen außerhalb der USA begangen haben, auf Grundlage des Alien Tort Claims Act zu verklagen. Diese Schwächung des ATCA durch die US-amerikanischen Gerichte ist Ausdruck eines seit Mitte der 2000er Jahre stärker werdenden konservativen rechtspolitischen Trends: Marktliberale Freiheitsrechte werden zunehmend gestärkt und materielle Teilhabeansprüche der BürgerInnen gegenüber dem Staat und der Gesellschaft eingeschränkt. So hob der Oberste Gerichtshof in Washington 2013 wesentliche Teile eines Wahlgesetzes gegen die Diskriminierung von Minderheiten von 1965 mit der Begründung auf, das Gesetz sei nicht zeitgemäß und diskriminiere die weiße Bevölkerung. Gleichzeitig gestand er aber kurz vor der Kiobel-Entscheidung Unternehmen das Recht auf von der Verfassung geschützte Meinungsfreiheit zu.

Da die meisten Klagen entweder gar keinen Erfolg hatten oder in einem außergerichtlichen Vergleich endeten, erscheint die Bilanz der ATCA-Fälle auf den ersten Blick durchwachsen. Tatsächlich mögen diese Klagen, die sich oft über knapp zehn Jahre hinzogen, den Betroffenen wenig materielle Wiedergutmachung gebracht haben. Auch wurde die Tendenz US-amerikanischer Gerichte, das eigene Recht auf andere Staaten auszuweiten und über die Verbrechen anderer Staaten zu urteilen, ohne sich mit den gleichen Maßstäben messen zu lassen, immer wieder kritisiert. Denn die Klagen nach dem ATCA beeinflussten den weltweiten Diskurs um die Verantwortung von Unternehmen für Menschenrechtsverletzungen, weil sie konkrete, gut belegte Fallanalysen boten, anhand derer über die Verantwortung von Unternehmen und ihren ManagerInnen juristisch diskutiert wurde. Im Übrigen gaben diese Klagen den Impuls für eine weltweite Praxis, Unternehmen wegen Menschenrechtsverletzungen rechtlich zur Verantwortung zu ziehen. Die im Folgenden beschriebenen Klagen gegen Shell in den Niederlanden, gegen Chevron in Ecuador und die Strafanzeige gegen Nestlé in der Schweiz sind ohne das Beispiel der ATCA-Klagen kaum denkbar. Die US-Praxis ist damit ein gutes Beispiel für die (rechts-)politische Wirkung von juridischen Prozessen, die über das eigentliche Verfahren weit hinausgehen kann. Und so bedeutet die Einschränkung des Anwendungsbereiches des ATCA nicht das von einigen KommentatorInnen befürchtete Ende der Menschenrechtsklagen, wenn auch hiermit eines der zur Verfügung stehenden Instrumente in den USA erheblich geschwächt worden ist.

2. Strafverfahren in Europa

In Kontinentaleuropa stehen Strafverfahren gegen einzelne Mitarbeiter im Vordergrund, wenn es um Menschenrechtsverletzungen durch Unternehmen geht. Die ersten Fälle aus den 2000er Jahren betrafen – ähnlich wie die US-Fälle – Verbrechen gegen die Menschlichkeit und Kriegsverbrechen, namentlich im Irak unter Präsident Saddam Hussein und in Liberia unter Charles Taylor.

In Deutschland führten bisher wenige Verfahren zum Erfolg, während es in den Niederlanden zu zwei spektakulären Prozessen kam. Die niederländischen Verfahren sind nicht zuletzt auf die Arbeit einer auf Völkerstraftaten spezialisierten Ermittlungseinheit zurückzuführen, während in Deutschland stets allgemeine Staatsanwaltschaften zuständig waren. Der niederländische Unternehmer Frans Cornelis Adrianus van Anraat kaufte von 1984 bis 1988 große Mengen der Chemikalie Thiodiglycol auf, um sie über verschiedene Unternehmen mit Firmensitzen in unterschiedlichen Ländern an die irakische Regierung unter Saddam Hussein zu verkaufen. Ab 1984 agierte er als dessen einziger Lieferant. Die Chemikalie war die Schlüsselkomponente bei der Herstellung von Senfgas durch das irakische Militär, welches anschließend im Ersten Golfkrieg bei Giftgasangriffen gegen das iranische Militär wie auch gegen die kurdische Zivilbevölkerung eingesetzt wurde. Tausende Menschen starben, und viele Tausend weitere erlitten Verletzungen mit Langzeitfolgen wie Erblindung und Krebserkrankungen. Im Juni 2009 bestätigte der Oberste Gerichtshof der Niederlande die Entscheidung des Landgerichts in Den Haag, das van Anraat zu 17 Jahren Haft verurteilte.

Ein weiteres Strafverfahren richtete sich gegen den niederländischen Unternehmer Guus Kouwenhoven, der als Leiter zweier Holzunternehmen den Großteil der Abholzungsarbeiten in Liberia während des dortigen zweiten Bürgerkrieges (1999–2003) steuerte. Seine Aktivitäten waren eine wichtige Einkommensquelle des Regimes unter Charles Taylor, aus der es seine blutige Kriegführung finanzierte. Zudem soll Kouwenhoven in Waffenschmuggel nach Liberia und in die zahlreichen Kriegsverbrechen verwickelt gewesen sein, die mit Hilfe der geschmuggelten Waffen begangen wurden. Das Gericht verurteilte Kouwenhoven in erster Instanz im Juni 2006 wegen des Verstoßes gegen Waffenembargos der EU und der Vereinten Nationen zu acht Jahren Freiheitsstrafe, erhielt jedoch den Vorwurf der Beihilfe zu Kriegsverbrechen der liberianischen Truppen nicht aufrecht. Das Berufungsgericht sprach ihn im März 2008 aus Mangel an Beweisen frei. Der oberste Gerichtshof ordnete im April 2010 eine erneute Verhandlung des Falles an, die jedoch bisher nicht stattfand.

Ebenfalls um Giftgasherstellung im Irak ging es bereits in den 1990er Jahren in einem Strafverfahren vor dem Landgericht Darmstadt, in dem deutschen Unternehmern vorgeworfen wurde, in den 1980er Jahren Giftgasanlagen im Irak gebaut beziehungsweise Chemikalien für die Produktion von Giftgas in den Irak geliefert zu haben. Dieses Gas wurde gegen Ende des Ersten Golfkriegs bei einem Angriff auf die hauptsächlich von KurdInnen bewohnte nordirakische Stadt Halabja im März 1988 eingesetzt, wobei rund 5 000 Menschen starben. Die Anklage richtete sich in Ermangelung eines Unternehmensstrafrechts gegen 22 deutsche Mitarbeiter des Unternehmens. Der Vorwurf war dabei nicht eine mögliche Beihilfe zu den Verbrechen, sondern ein Verstoß gegen die Ausfuhrbestimmungen des Außenwirtschaftsgesetzes. Lediglich drei

Angeklagte verurteilte das Landgericht Darmstadt im Juni 1996 zu geringen Freiheitsstrafen auf Bewährung.

Das große Problem der hier dargestellten Fälle besteht darin, dass hiesige Strafverfolgungsbehörden für die Ermittlung solcher Fälle weder personell noch logistisch hinreichend ausgestattet sind. Hinzu kommt, dass es in Deutschland – anders als in den meisten anderen europäischen Staaten – bis heute kein Unternehmensstrafrecht gibt und somit einzelnen MitarbeiterInnen ein strafrechtlich relevantes Verhalten zugeordnet werden muss. Das Individualstrafrecht ist aber nicht auf das Handeln großer, transnational agierender Unternehmen mit zunehmender Dezentralisierung und funktionaler Differenzierung zugeschnitten. Neben den erheblichen Schwierigkeiten, den Tathergang und die individuelle Kenntnis der einzelnen Beschuldigten nachzuweisen, sind auch die vorhandenen strafrechtlichen Haftungskonzepte kaum darauf ausgelegt, globales Agieren zu erfassen. Das traditionelle nationale Strafrecht betrifft Handlungen von Menschen, die in einem mehr oder weniger engen räumlichen und zeitlichen Zusammenhang mit der jeweiligen Straftat stehen. Natürlich hat die Strafrechtsdogmatik auch Konstellationen entwickelt, nach denen arbeitsteilig organisiertes Handeln strafrechtlich relevant ist. Dennoch sind die Abläufe in transnationalen Unternehmen mit diesen Konzepten schwer zu greifen. Oft bestehen vermittelte Beziehungen zwischen den in eine Tat direkt Involvierten und den Entscheidungsträgern des Konzerns. Rein ökonomische Einfluss- und Machtbeziehungen werden zudem eher nicht vom Strafrecht erfasst. Dies zeigt sich auch in den noch laufenden Verfahren gegen leitende Mitarbeiter der deutschen Unternehmen Danzer und Lahmeyer.

Im April 2013 reichten kongolesische Opfer bei der Staatsanwaltschaft Tübingen Strafanzeige gegen einen Manager aus Reutlingen wegen der Beihilfe zu Vergewaltigungen, Körperverletzungen und Freiheitsberaubungen in der Demokratischen Republik Kongo durch Unterlassen ein. Hintergrund der Anzeige war, dass in der Nacht zum 2. Mai 2011 ein

Einsatzkommando lokaler Sicherheitskräfte mit etwa 60 Soldaten und Polizisten über das Dorf Bongulu in der Demokratischen Republik Kongo hergefallen war und dabei mehrere Frauen vergewaltigt sowie DorfbewohnerInnen verprügelt und inhaftiert hatten. Zum Transport der festgenommenen Personen und der eigenen Truppen nutzten die Sicherheitskräfte Fahrzeuge des Holzunternehmens Siforco S.A.R.L. – damals Tochterunternehmen der Danzer Group, eines international agierenden Holzunternehmens mit Verwaltungssitz in der Schweiz und in Deutschland. Zudem bezahlte der örtliche Manager der Danzer-Tochter die Soldaten und Polizisten nach dem Überfall. Diesen Geschehnissen war ein Konflikt zwischen den DorfbewohnerInnen und Siforco vorausgegangen: 2005 vereinbarte die Firma mit den lokalen Gemeinden, die von der Abholzung für Danzer betroffen waren, in Sozial- und Infrastrukturprojekte zu investieren. Als dies nicht geschah, entwendeten einige DorfbewohnerInnen am 20. April 2011 unter anderem mehrere Batterien, ein Kabel, eine Solarzelle und ein Radio von Siforcos Firmengelände, um das Unternehmen unter Druck zu setzen. Siforco verhandelte daraufhin zwar mit einem Vertreter aus Bongulu, der die Rückgabe der Gegenstände zusagte, schaltete aber gleichzeitig die lokalen Sicherheitskräfte ein, die in der Nacht vor dem vereinbarten Rückgabetermin in Bongulu die beschriebenen Verbrechen verübten.

Dem angezeigten Tübinger Manager des Unternehmens Danzer wird vorgeworfen, nicht verhindert zu haben, dass die Tochterfirma die Verbrechen der kongolesischen Sicherheitskräfte unterstützte, obwohl er hierzu nach deutschem Strafrecht und internationalen Standards verpflichtet gewesen wäre. Es geht in diesem Verfahren also im Kern um das Problem, inwieweit Manager in Deutschland dafür Vorsorge treffen müssen, dass sich die MitarbeiterInnen von Tochterfirmen in Regionen wie der Demokratischen Republik Kongo, in denen es regelmäßig zu Menschenrechtsverletzungen kommt, nicht an den Verbrechen staatlicher und nichtstaatlicher Akteure beteiligen. In der Demokratischen Republik Kongo läuft unter der Ägide der UN-Mission ein umfangreiches Strafverfahren gegen die kongolesischen Akteure. Ohne die Erkenntnisse aus diesem Prozess zu nutzen, stellte die Staatsanwaltschaft den Fall Anfang 2015 mit der Begründung ein, strafrechtliche Ermittlungen im Kongo seien zu kompliziert und dem Beschuldigten sei angesichts des geringen Tatverdachtes ein langes Ermittlungsverfahren nicht zuzumuten. Nicht nur scheute sich die Staatsanwaltschaft vor der Kooperation mit den kongolesischen Behörden, auch die Zeugenaussagen von MitarbeiterInnen internationaler NGOs waren ihr suspekt und Dokumente in französischer oder englischer Sprache aus ihrer Sicht nicht zu gebrauchen.

Im Strafverfahren gegen das deutsche Ingenieurbüro Lahmeyer International GmbH, verantwortlich für die Bauplanung und -überwachung sowie Kontrolle der Inbetriebnahme des Merowe-Staudamms im Nord-Sudan, einem der größten Wasserkraftprojekte in Afrika, zeigen sich beispielhaft die Probleme der Beweisführung bei Auslandssachverhalten. Lahmeyer International begann mit dem Bau des Staudamms, ohne dass die dortige Regierung – wie nach internationalen Standards der Weltbank vorgesehen – Umsiedlungspläne mit den betroffenen Bevölkerungsgruppen der Manasir ausgehandelt hatte, geschweige denn etwaige Umsiedlungen bereits stattgefunden hätten. Im Rahmen des Bauvorhabens wurden sowohl im August 2006 als auch bei Inbetriebnahme des Staudamms im April 2008 angrenzende Siedlungsgebiete überschwemmt. Über 4700 Familien mussten ohne Vorankündigung ihre Häuser verlassen, wobei sie sämtliche Besitztümer, Ernteerträge und Nutztiere verloren. Zudem wurden auch Schulen und Krankenstationen durch die Überflutung zerstört.

Im Mai 2010 reichten mehrere sudanesische Betroffene bei der Staatsanwaltschaft in Frankfurt am Main eine Strafanzeige ein, in der zwei leitenden Angestellten des Ingenieurbüros Lahmeyer International vorgeworfen wird, für die

Überflutung mitverantwortlich zu sein. Die Staatsanwaltschaft führte in den letzten fünf Jahren umfangreiche Ermittlungen durch und vernahm mehrere ZeugInnen, ohne dass das Verfahren zu einem Abschluss gekommen wäre. Schwer fällt vor allem der Nachweis, was genau die Beschuldigten über den Stand der Umsiedlungen wussten und inwieweit sie sich auf die Zusicherungen der sudanesischen Regierung, die Umsiedlung der Menschen werde wenige Wochen vor Eröffnung des Dammes stattfinden, verlassen durften. Den Betroffenen aus dem Sudan sind die Verfahrenslänge und auch das bisweilen halbherzige Vorgehen der Staatsanwaltschaft nicht nachvollziehbar. Sie sind schwer enttäuscht von der deutschen Justiz.

Zu den genannten Beweisproblemen kommt, dass die Entscheidungsträger im Konzern in der Regel nicht direkt am Tatgeschehen beteiligt sind, es aber oft unterlassen, die beschriebenen Straftaten zu verhindern. Zwar gibt es Ansätze in der Strafrechtsdogmatik wie die Geschäftsherrenhaftung, die Maßstäbe der Verantwortung von hochrangigen ManagerInnen definieren. Sie müssen demnach Straftaten verhindern, die im Zusammenhang mit der Geschäftstätigkeit des Unternehmens begangen werden. Jedoch ist die Geschäftsherrenhaftung noch nicht auf Fälle von transnationalen Menschenrechtsverletzungen durch UnternehmerInnen angewendet worden. Das Strafrecht ist aus guten Gründen restriktiv in der Zuordnung von Verantwortung. Zu Recht wenden sich StrafverteidigerInnen und RechtswissenschaftlerInnen gegen die unbegrenzte Aufweichung von Straftatbeständen, die Verlagerung der Haftung ins Vorfeld einer Tat und Beschränkungen der prozessualen Rechte, wie dies etwa im Namen der Terrorismusbekämpfung häufig geschieht. Dennoch gilt es Zurechnungskriterien zu schaffen, »die die Mitverantwortung der in der nordwestlichen Welt ansässigen Unternehmen und Unternehmer für schwere Übergriffe angemessen erfassen, wenn sie ihre Geschäftstätigkeit in destabilisierte Regionen erstrecken und davon profitieren« (Ingeborg Zerbes). Ungeachtet dessen zeigen die hier beschriebenen Fälle, dass zumindest der rechtspolitische Bedarf besteht, die Ermittlungsbehörden für derartige Konstellationen personell und mit Befugnissen auszustatten, wozu bislang der Wille fehlt.

3. Zivilverfahren in Europa

In Europa hat sich insbesondere in Großbritannien eine interessante zivilrechtliche Praxis herausgebildet, aufgrund derer britische Konzerne wegen Umwelt- und Gesundheitsschäden zivilrechtlich in Haftung genommen werden. Die britischen AnwältInnen erstatten ihre Klagen ohne Bezug auf die Menschenrechte nach klassischem Entschädigungs- und Deliktrecht, mit dem Schäden an Leib, Leben und Eigentum geltend gemacht werden können. So haben die Gerichte eine Spruchpraxis entwickelt, welche die im britischen Deliktrecht bestehenden Haftungskonstellationen auf transnational agierende Unternehmen überträgt.

Seit den 1990er Jahren vertreten Kanzleien wie die progressive Londoner Sozietät »Leigh Day« an Asbestose erkrankte ArbeiterInnen aus Südafrika gegen die in Großbritannien ansässigen Mutterkonzerne. Tausende von Betroffenen aus der Elfenbeinküste haben zudem gegen das britische Unternehmen Trafigura wegen der Verklappung von Giftmüll vor Abidjan geklagt und wurden daraufhin entschädigt. Im Dezember 2014 sah sich Shell gezwungen, vor britischen Gerichten in einem öffentlichen Vergleich 55 Millionen Pfund an nigerianische BäuerInnen zu zahlen, die wegen der Verseuchung ihres Landes durch eine lecke Ölpipeline geklagt hatten. Die Bilanz fällt positiver aus als in den US-Fällen: Viele dieser Verfahren endeten in für die KlägerInnen lukrativen Vergleichen oder wurden für sie positiv entschieden.

An diese Argumentation knüpfte eine weitere Klage nigerianischer BäuerInnen gegen Shell in den Niederlanden wegen der Verschmutzung ihrer Ackerflächen auf Schadensersatz an. Das niederländische Gericht verurteilte lediglich das nigerianische Tochterunternehmen zu Schadensersatzzahlungen und wies die Klage gegen Shell ab. Anders als die britischen Gerichte waren die niederländischen RichterInnen der Ansicht, dass das Management am Hauptsitz des Unternehmens keine Verantwortung für das Betreiben der Pipelines trage und daher auch nicht für die mangelhafte Wartung von Ölpipelines hafte.

In Deutschland kam es bisher zu keinen nennenswerten Zivilverfahren gegen transnationale Unternehmen wegen Menschenrechtsverletzungen. Die Probleme sind ähnliche wie im Strafrecht: Normalerweise haften deutsches Mutter- und ausländisches Tochterunternehmen nicht füreinander, da das Recht eine Trennung zwischen den verschiedenen Gesellschaften eines Konzerns suggeriert, die oft die realen Managementstrukturen und die tatsächlichen Einfluss- und Steuerungsmöglichkeiten der Konzernleitung nicht widerspiegelt. Nicht selten werden Untergesellschaften überhaupt erst zur Minimierung wirtschaftlicher Risiken gegründet, wobei die gründende Mutter nicht für das Tochterunternehmen haftet, auch wenn sie dessen Geschäfte kontrolliert. So sitzen die Vorstandsmitglieder des Hauptkonzerns häufig auch in den Vorständen der gegründeten Untergesellschaften und dominieren sie. Ein deutsches Unternehmen würde nur dann für Menschenrechtsverletzungen einer beispielsweise nigerianischen Tochterfirma haften, wenn es die Pflicht hätte, entsprechende Rechtsverstöße zu verhindern.

In Deutschland gibt es solche Pflichten etwa zur angemessenen Wartung gefährlicher chemischer Anlagen und Fabriken. Wer eine gefährliche Anlage betreibt, ohne angemessene Sicherheitsmaßnahmen zu gewährleisten, kann zivilrechtlich für die entstandenen Schäden haftbar gemacht werden. Bisher ist durch die Gerichte nicht geklärt worden, ob solche Pflichten auch in Bezug auf Tochterunternehmen bestehen und für Menschenrechtsverletzungen wie den Entzug von Trinkwasser oder Land und die Tolerierung unwürdiger Arbeitsbedingungen gelten.

Diese Unsicherheit macht es für Betroffene bei potentiellen Klagen schwer, einzuschätzen, ob sie sich auf Beweiserleichterungen oder die Umkehr der Beweislast nach dem deutschen Recht berufen können oder den Sachverhalt vollumfänglich selbst nachweisen müssen. Zudem messen deutsche Gerichte Schadensersatzsummen sehr restriktiv zu. Im Vergleich zu den anglo-amerikanischen Rechtssystemen sind die Summen gering, die in einem Prozess oder Vergleich erstritten werden können. Deshalb sind die Kosten, die die Betroffenen aufbringen müssen, um ihren Fall so zu recherchieren und aufzubereiten, dass er vor Gericht Bestand haben kann, meistens nicht durch die zu erwartende Schadensersatzsumme gedeckt. Zudem sieht das deutsche Recht keine Sammelklagen vor, was dazu führt, dass aus Kostengründen in Fällen, in denen mehrere hundert oder tausend Menschen betroffen sind, einige wenige KlägerInnen aus dieser großen Gruppe ausgewählt werden müssen. Dies setzt einen Organisationsgrad und Kapazitäten zur gemeinsamen Meinungsbildung voraus, die nicht jede Opfergruppe aufbringen kann.

Trotz all dieser Hindernisse ist es möglich, dass in den kommenden Jahren auch in Deutschland Betroffene zusammen mit AktivistInnen und AnwältInnen die zivilrechtliche Haftung von Unternehmen für Menschenrechtsverletzungen vor Gericht voranbringen. Eine Reform des Zivil- und des Zivilprozessrechtes wäre in jedem Fall vonnöten, um ihnen einen besseren Zugang zu Gericht zu ermöglichen.

4. Verfahren in den Gaststaaten

In Europa und Nordamerika wird selten über juristische Verfahren wegen Menschenrechtsverletzungen durch Unternehmen in anderen Teilen der Welt berichtet, oft aus schlichter Unkenntnis und weil die dortigen Rechtssysteme gegenüber den nordatlantischen nicht als gleichwertig angesehen werden.

Dabei müssten die Gaststaaten, also jene Staaten, in denen nationale und transnationale Unternehmen ihre Wirtschaftstätigkeit abwickeln, bei deren Regulierung die zentrale Rolle spielen. Diese Staaten können beispielsweise Umwelt- oder Arbeitsstandards direkt regeln und durchsetzen. Zudem ist es für die Gerichte dieser Staaten schon aufgrund der örtlichen Nähe zum Tatgeschehen leichter, Beweise zu erheben und ZeugInnen zu vernehmen. Doch die Umsetzung der menschenrechtlichen Pflichten in nationales Recht und erst recht die Möglichkeiten des Rechtsschutzes gegen Menschenrechtsverletzungen sind oft unzureichend etabliert. Das mag einleuchten, wenn es um Kriegsregionen oder autoritäre Regime geht, in denen allenthalben Rechtlosigkeit herrscht. Selbst in vielen nominellen Demokratien sind Straflosigkeit und Korruption die Regel, wenn es um Rechtsverstöße der Wirtschaftseliten geht. Oft fehlt der politische Wille, derlei Normverletzungen größerer Konzerne zu ahnden, da diese – nicht zuletzt mit der Drohung, einen anderen Standort zu wählen – Druck ausüben. Vielfach haben sich die Staaten durch Investitionsschutzabkommen die Hände auch selbst gebunden. Der Staat Ecuador beispielsweise sieht sich einer horrenden Schadensersatzforderung ausgesetzt, die der Ölkonzern Chevron vor einem ICSID-Schiedsgericht geltend gemacht hat, weil ecuadorianische Gerichte den Konzern wegen Umweltverschmutzungen verurteilt haben. Zum Vorteil der indigenen KlägerInnen ließen sich aber weder die Gerichte noch der ecuadorianische Staat von diesem Verfahren einschüchtern.

Dennoch sind in den letzten beiden Jahrzehnten in vielen Staaten des globalen Südens vielversprechende juristische Bemühungen von Betroffenen zu beobachten. Ob in Mexiko oder Kolumbien, Argentinien, Indien oder Pakistan oder in der Demokratischen Republik Kongo und Kamerun – immer wieder werden nationale und transnationale Unternehmen für Menschenrechtsverletzungen zur Verantwortung gezogen. Auch wenn sie sich nur schwer auf einen Nenner bringen lassen, wollen wir hier einige der prominentesten Verfahren und Kämpfe ums Recht schildern.

Wenn man die von den Ölkonzernen Shell und Unocal im Rahmen von Einigungen vor US-Gerichten gezahlten Summen in der Größenordnung von zehn Millionen Dollar mit den Summen vergleicht, die bei dem vielleicht größten Umweltprozess aller Zeiten vor dem Obersten Gerichtshof im ecuadorianischen Quito verhandelt wurden, erkennt man, was auf dem Spiel steht. Mit Urteil vom November 2013 wurde das amerikanische Ölunternehmen Chevron zu einer Schadensersatzzahlung von 9,51 Milliarden Dollar wegen Umweltschäden verurteilt, die die Ölförderung in den Regenwäldern Amazoniens verursacht hatte. Das Gerichtsverfahren geht im Übrigen auf eine Klage nach dem ATCA zurück. Nachdem die indigenen Betroffenen dieses Verfahren in den USA verloren hatten, weil Chevron die Auffassung vertrat, Ecuador sei der richtige Gerichtsort, entschlossen sie sich, im eigenen Land zu klagen. Doch zahlen will das mächtige Unternehmen nicht, stattdessen schlägt es zurück. Chevron verklagte die US-Anwälte der indigenen Gemeinschaften wegen Verleumdung und ähnlichen Vorwürfen und focht das Urteil in Ecuador mit dem Argument an, dass es auf Korruption und Fälschung beruhe. Die indigenen Völker Amazoniens schafften es in einer für sie politisch günstigen Lage während der Präsidentschaft des linken Rafael Correa, eine hohe Sanktion durchzusetzen. Chevron und andere Unternehmen haben die Botschaft verstanden. Dieses Beispiel könnte Schule machen und andere von Umweltverschmutzungen Betroffene ermutigen, ihren Ansprüchen vor Gerichten im eigenen Land Geltung zu verschaffen.

Doch nicht nur wegen blutiger Menschenrechtsverbrechen oder Umweltschäden ziehen Betroffene vor Gericht. Zunehmend klagen sie auch die im Westen vernachlässigten kollektiven wirtschaftlichen und sozialen Menschenrechte ein. Die hier gewählten Beispiele stammen aus Indien und Südafrika, zwei Ländern mit entwickelten Rechtssystemen in anglo-amerikanischer Tradition und etablierten Möglichkeiten für Klagen im öffentlichen Interesse. So suchen viele mitgliederstarke soziale Bewegungen in Indien über ihre AnwältInnen den Zugang zu einem jedenfalls auf dem Papier fortschrittlichen Recht. Beispielsweise hat sich das »Human Rights Law Network« (HRLN) mit über 200 MitarbeiterInnen in knapp zwanzig über das ganze Land verstreuten Büros organisiert, um insbesondere das progressive Verfassungsrecht Indiens zu nutzen. Einen weltweit beachteten Erfolg hatten sie mit mehreren ab 2001 eingereichten Klagen auf das Recht auf Nahrung. Mit einer Klage im öffentlichen Interesse ohne ausdrückliches Mandat der Betroffenen, der sogenannten »Public Interest Litigation«, haben sie vor dem Obersten Indischen Gericht das Menschenrecht auf Nahrung weltweit erstmals gerichtlich geltend gemacht. Die HRLN-AnwältInnen argumentierten, dass das verfassungsmäßige Recht auf Leben verletzt wird, wenn jährlich Tausende InderInnen an Hunger sterben. Das Gericht folgte ihren Argumenten, stellte die Geltung des Rechts auf Nahrung als Teil des Rechts auf Leben in der indischen Verfassung fest und diktierte der Regierung Ernährungsprogramme für etwa 300 Millionen Menschen. Damit wurden der Hunger in Indien und dessen systemische Ursachen freilich nicht endgültig beseitigt, wofür das HRLN auch von linken Gruppen kritisiert wurde. Aber die Entscheidung verbesserte die Lage von Millionen Menschen spürbar. Mit dieser Klage vor dem Obersten Indischen Gerichtshof wurde ein Stück globaler Rechtsgeschichte geschrieben. Denn sie zeigte, wie mittels des Rechts vermeintlich schwache soziale Menschenrechte durchgesetzt werden können.

Es war bereits die Rede vom Widerstand gegen die Privatisierung von Wasser und globalen Kämpfen für das Recht auf Wasser. Neben der Nutzung von Mitteln der Aufklärung, Massenmobilisierung und direkten Aktionen rufen einige der auf diesem Feld aktiven Initiativen auch Gerichte in ihren Ländern an, um das Menschenrecht auf Wasser einzufordern. So klagten die BewohnerInnen eines Townships bei Soweto in

Südafrika gegen ein privates Wasserunternehmen, die Stadt Johannesburg und den zuständigen Minister, weil in ihrem Ort ein neues Wasservertriebssystem eingeführt wurde. Die neu installierten Wasserzähler unterbrachen die Versorgung, wenn das Wasser nicht vorab rechtzeitig von den NutzerInnen bezahlt worden war. In der Sammelklageschrift mehrerer BewohnerInnen des Townships wurde argumentiert, dass mit diesem Mechanismus das Menschenrecht auf Wasser verletzt werde. Unterstützt wurde die Klage von der »Coalition Against Water Privatisation« und dem »Anti Privatisation Forum«, zwei großen Organisationen mit einer Massenbasis in den Townships und dem Ziel, die freie Grundversorgung mit Wasser, Elektrizität, Bildung und Wohnung durchzusetzen. Sie beriefen sich auf die Freedom Charter des »African National Congress« (ANC) von 1955, die südafrikanische Verfassung und die internationalen Menschenrechte. Der Klage ging eine politische Kampagne mit Demonstrationen und der Zerstörung von Zählern voraus. Rechtlich führte die Klage in den ersten beiden Instanzen zu Teilerfolgen, als die Gerichte die zwangsweise Einführung des Prepaid-Systems für verfassungswidrig erklärten und eine kostenlose Minimumversorgung mit 50 beziehungsweise 42 Litern pro Person anordneten. Das Südafrikanische Verfassungsgericht hob diese Urteile allerdings mit der Begründung auf, die Verbesserung der sozialen Bedingungen sei zwar Aufgabe der Legislative und Exekutive – jedoch nur im Rahmen des zur Verfügung stehenden staatlichen Budgets.

In den hier beschriebenen Verfahren zeigt sich, wie dynamisch und kreativ soziale Bewegungen im globalen Süden zusammen mit ihren AnwältInnen das Recht als ein Mittel im Kampf um soziale Menschenrechte einsetzen. Anders als viele JuristInnen im Norden verstehen sie unter Menschenrechten mehr als die sogenannten bürgerlichen und politischen Rechte auf Meinungs- und Pressefreiheit und Schutz vor Folter und Mord. Politische und soziale Menschenrechte sind für sie unteilbar und müssen eingefordert werden, egal vor welchem

Forum und in welcher Verfahrensform, selbst wenn es nicht allzu oft oder nicht vollständig gelingt, die Menschenrechte juristisch tatsächlich durchzusetzen. Häufig scheitern die Verfahren im globalen Süden an der Begrenztheit rechtlicher Normen und an den politischen Machtverhältnissen, die eine Rechtsdurchsetzung vereiteln.

In den beschriebenen Fällen ist erkennbar, dass die effektive Durchsetzung vom vorhandenen juristischen Instrumentarium abhängig ist. Es bedarf angemessener rechtlicher Tatbestände, um die globalen Wirtschaftsaktivitäten und die verursachten Menschenrechtsverletzungen fassen zu können. Das kann wie beim US-amerikanischen ATCA, wie in den niederländischen Fällen oder wie vor den indischen und südafrikanischen Gerichten mit direktem Bezug auf das Völkerstrafrecht, die internationalen Menschenrechtspakte oder die Verfassung erfolgen. Es können aber auch einfache zivil- oder strafrechtliche Haftungstatbestände genutzt werden, wie bei den kontinentaleuropäischen Klagen. In diesen Fällen werden Menschenrechtsverletzungen mit Tatbeständen des nationalen Rechts erfasst: Folter und die Verletzung des Rechts auf körperliche Unversehrtheit werden als schwere Körperverletzungen, die Verletzung des Rechts auf Nahrung und angemessenes Wohnen werden als Eigentums- und Besitzverletzungen oder Eigentumsdelikte geltend gemacht.

Der Erfolg oder Misserfolg der hier beschriebenen Verfahren hängt aber nicht allein von der Umsetzung der Menschenrechte in nationales Recht ab, sondern auch von der jeweiligen politischen Lage. Solche Verfahren sind bis heute ungewöhnlich und stehen im Gegensatz zum allgemeinen Common Sense. Denn sie stellen das neoliberale Versprechen in Frage, dass wirtschaftliche Aktivitäten sich im Interesse des Allgemeinwohls selbst steuern und globale Produktion und Warenverkehr positive Effekte für alle bringen. Solche Verfahren konfrontieren mit den Schattenseiten der Globalisierung, indem sie unterprivilegierten, marginalisierten Menschen ein Forum geben, auf dem sie als Rechtssubjekte Missstände anprangern.

Teile der Öffentlichkeit stehen solchen Verfahren daher skeptisch gegenüber. Sie werden als Effekthascherei oder Verleumdungen vermeintlich ehrlicher Kaufleute bezeichnet. Diejenigen, die in der Justiz über die Sachverhalte zu urteilen haben, sind oft selbst Teil der Eliten und nicht frei von diesen Vorannahmen. Entsprechend behandeln sie die Fälle. Gestützt wird diese Skepsis durch die vielen gesetzlichen Regeln zur Absicherung des Wirtschaftsverkehrs, die eben nahelegen, dass die einzelnen Gesellschaften transnationaler Konzerne nicht füreinander verantwortlich sind und dass ManagerInnen nicht für Fehlentwicklungen bei den Konzerntöchtern haften.

Ob in Europa, Asien, Lateinamerika, Afrika oder den USA, es bedarf eines aufgeschlossenen politischen Klimas, damit die hier beschriebenen Klagen Erfolg haben können. So ist es nicht verwunderlich, dass sich im demokratisch umkämpften Indien der 1980er und 1990er Jahre, in Südafrika nach der Apartheid und in Ecuador in jüngster Zeit progressive Rechtspraktiken herausbildeten. Ecuador und Südafrika befanden sich in einem sozialen und politischen Umbruch in Richtung demokratischer Gemeinwesen mit mehr Akzeptanz für soziale Belange und Menschenrechte, und auch in Indien herrschte ein Klima, das offen war für Fragen von Hunger und Gerechtigkeit. Viele Organisationen im globalen Süden sind sich der Wechselwirkung zwischen politischer und rechtlicher Sphäre bewusst und setzen daher neben juristischen Verfahren auf andere politische Strategien, eben weil sie auf das (rechts-) politische Klima der jeweiligen Gesellschaft einwirken wollen, um soziale und rechtliche Veränderung zu bewirken.

VI. Rechtspolitische Perspektiven –
National und international

Für die meisten Betroffenen von Menschenrechtsverletzungen durch Unternehmen stellt sich die Rechtslage – international wie national – als unbefriedigend dar. Die KlägerInnen rufen je nach Situation mal Zivil-, mal Strafgerichte gegen Unternehmen an oder verklagen den eigenen Staat vor Verfassungsgerichten. Ein alle schweren Schädigungen erfassendes kohärentes Justizsystem existiert bisher nicht.

Andererseits kann der normative Gehalt der Menschenrechte schwerlich ignoriert werden. Und selbst wenn Unternehmen und deren LobbyistInnen ebenso wie PolitikerInnen verbindliche Normen bislang erfolgreich verhindern konnten, können sie sich dem Menschenrechtsdiskurs nicht mehr vollständig entziehen. Daher entstanden in den letzten Jahrzehnten immerhin Soft-Law-Standards für die menschenrechtlichen Verpflichtungen von Unternehmen. Wegen der Schwäche dieser Mechanismen fordern Menschenrechts- und Entwicklungshilfeorganisationen aber umfassende Gesetzesreformen mit klaren Verantwortlichkeiten auf nationaler, europäischer und internationaler Ebene.

1. Soft Law – Entstehendes Recht

Als Soft Law werden Standards, Leitlinien und Übereinkünfte bezeichnet, die nicht im engeren Sinne rechtsverbindlich sind, die mithin nicht die üblichen Verfahren zur Verabschiedung völkerrechtlicher Verträge durchlaufen haben. Soft Law weist somit keine rechtlichen Durchsetzungsmechanismen auf, man kann es eher als sich entwickelndes Recht verstehen.

Aber Soft-Law-Standards können durchaus Erwartungshorizonte und Handlungsoptionen von Staaten wie auch von Unternehmen strukturieren. Die Tendenz, zunehmend auf solches Recht zurückzugreifen, anstatt langwierige Prozesse zur Etablierung rechtsverbindlicher Völkerrechtskonventionen zu durchlaufen, ist auch im Bereich der Unternehmensverantwortung für Menschenrechte zu beobachten.

So nutzen Gewerkschaften seit Mitte der 1990er Jahre internationale Rahmenabkommen (International Framework Agreements [IFA]), um Arbeitnehmerinteressen in transnationalen Unternehmen zu gewährleisten. Solche Vereinbarungen zwischen Gewerkschaften und transnationalen Konzernen haben nicht die gleiche Rechtsverbindlichkeit wie etwa national geltende Tarifverträge. Sie geben aber den Gewerkschaften bessere Möglichkeiten, die Organisationsfreiheit und gute Arbeitsbedingungen in sämtlichen Tochterfirmen der beteiligten Konzerne weltweit zu realisieren, als dies über national beschränkte Vereinbarungen möglich ist.

Zu den wichtigsten internationalen Regeln dieser Art zählen die OECD-Leitsätze für multinationale Unternehmen, die 1976 vom OECD-Ministerrat und den Mitgliedsstaaten verabschiedet wurden, sowie die 2011 vom UN-Menschenrechtsrat verabschiedeten UN-Leitprinzipien für Wirtschaft und Menschenrechte. Die OECD-Leitsätze setzen den Unternehmen Maßstäbe für Arbeitsbedingungen, Sozialstandards und andere Menschenrechte. Sie sind anwendbar auf alle Unternehmen mit Sitz in einem der Unterzeichnerstaaten und erfassen sämtliche Geschäftspraktiken, inklusive einer menschenrechtlichen Verantwortung der Unternehmen für ihre Zulieferkette.

Die UN-Leitprinzipien formulierte der von der UN beauftragte Harvard-Professor John Ruggie als eine Zusammenfassung des Status quo im internationalen Recht. Hiernach haben Staaten eine primäre Schutzpflicht, Menschenrechtsverletzungen durch Unternehmen zu verhindern und zu ahnden. Der Begriff Verantwortung soll – so betont Ruggie stets – nicht im Sinne völliger Freiwilligkeit wie in der CSR-Debatte verstanden werden, sondern im Sinne einer gesellschaftlichen Erwartung. Sie sei aber eben auch keine völkerrechtliche Verpflichtung wie die staatlichen Menschenrechtsverpflichtungen. Zudem müssen die nationalen Rechtssysteme den Betroffenen effektive Rechtswege bieten, ihnen Entschädigung und Wiedergutmachung gewähren und Unternehmen sanktionieren. Die UN-Leitprinzipien lassen offen, wie weit die Pflicht der Staaten reicht, die transnationalen Tätigkeiten der Unternehmen zu regulieren, deren Hauptsitz auf ihrem Territorium liegt, die jedoch in einem anderen Staat Menschenrechte beeinträchtigen.

Das Problem dieser beiden Regelwerke besteht nicht in erster Linie darin, dass sie die menschenrechtliche Verantwortung von Unternehmen in Bezug auf ihre gesamte Zulieferkette nicht umfassend und detailliert genug formulieren. Vielmehr krankt es an den Verfahren zur Um- und Durchsetzung dieser Standards. Während die UN-Leitprinzipien nicht über einen Umsetzungs- oder Beschwerdemechanismus verfügen, sind die 34 OECD-Mitgliedsstaaten zwar verpflichtet, »Nationale Kontaktstellen« (NKS) einzurichten, um bei Beschwerden gegen Unternehmen wegen einer Verletzung der Leitsätze zwischen den Parteien zu vermitteln. Auf Mediation ausgerichtet, sieht das Verfahren aber keine Sanktionsmöglichkeiten gegen das Unternehmen vor. Da den einzelnen Staaten die Ausgestaltung des Verfahrens überlassen ist, ist die Arbeitsweise vieler NKS ausgesprochen intransparent und uneinheitlich. Daher erweisen sich die Beschwerdeverfahren oft nur als stumpfes Schwert, das von schweren Menschenrechtsverletzungen Betroffene immer wieder enttäuscht. Selbst wenn sich die Unternehmen auf das Mediationsverfahren einlassen, können ihnen nur selten echte Zugeständnisse abgerungen werden, da der gesamte Prozess jederzeit abgebrochen werden kann. Die Betroffenen haben auch keine Möglichkeit, das Unternehmen zur Einhaltung der ausgehandelten Vereinbarung zu zwingen.

Dennoch steckt in diesem Rechtsinstrument Potential. Sowohl die Referenz auf den Inhalt der Normen als auch die Prozedur ermöglichen es Betroffenen, das Erlittene als Verstoß gegen einen internationalen Standard zu deklarieren und die Verantwortung eines Unternehmens zu benennen. Daher gehört die Berufung auf die OECD-Leitsätze zum Repertoire vieler Menschenrechtsorganisationen, auch wenn sie sich über deren Grenzen im Klaren sind.

Die UN-Leitprinzipien mögen kritikwürdig sein, können aber nicht einfach als zahnloser Tiger abgetan werden. Nach der einstimmigen Verabschiedung im UN-Menschenrechtsrat bekennen sich sowohl Staaten als auch westliche Unternehmensverbände sowie wichtige transnationale Unternehmen zu den Leitprinzipien und den in ihnen enthaltenen Menschenrechten, grundlegenden Arbeitsrechten und zum Umweltschutz. Diesem Diskurs, auf den sie sich einmal eingelassen haben, können sich Unternehmen wie Staaten nicht mehr entziehen. Daher ist es schwierig für sie, hinter die Maßstäbe der UN-Leitprinzipien und der OECD-Leitsätze zurückzufallen. Außerdem birgt die Formulierung der Menschenrechte im Rahmen der UN-Leitprinzipien das Potential, zu strengeren Verhaltenspflichten für Unternehmen ausgeweitet zu werden – ähnlich wie bei der Korruption in den vergangenen Dekaden.

Beispiele für den fließenden Übergang von Soft Law zu mehr Verbindlichkeit sind die branchenspezifischen Standards im Bereich der Rohstoffe und der Textilindustrie. So soll nach dem Vorbild eines US-amerikanischen Gesetzes (Dodd-Frank Act) eine umstrittene EU-Verordnung in Kraft treten, die Unternehmen verpflichtet, darüber zu berichten, aus welchen Quellen sie Rohstoffe beziehen. Während die Gesetzgeber der Mitgliedsstaaten diese Richtlinie erst noch in nationales Recht umsetzen müssen, haben sich in der Textilindustrie die einkaufenden Unternehmen bereits vertraglich gebunden. Der »ACCORD on Fire and Building Safety« in Bangladesch wurde unmittelbar nach der Rana-Plaza-Katastrophe von den internationalen Gewerkschaften und NGOs zusammen mit lokalen Gewerkschaften und Nichtregierungsorganisationen initiiert. Angesichts der Katastrophe von Rana Plaza waren die internationalen Unternehmen zwischenzeitlich derart unter Druck geraten, dass sie bereit waren, dieser Initiative auch beizutreten. Neu am ACCORD sind nicht die Feuer- und Gebäudesicherheitsstandards, auf die er sich bezieht, sondern dass sich mehr als hundert europäische Unternehmen vertraglich verpflichtet haben, sämtliche Zulieferbetriebe in Bangladesch zu benennen und unabhängigen Kontrollen zur Gebäude- und Feuersicherheit zu unterziehen. Gleichzeitig haben sich die Unternehmen dazu verpflichtet, während der fünfjährigen Laufzeit des Vertrags die Geschäftsbeziehungen zu den bangladeschischen Zulieferbetrieben aufrechtzuerhalten. Verstöße können in einem Beschwerdemechanismus vor einem Schiedsgericht und gegebenenfalls auch vor einem regulären Gericht vorgebracht werden. Der ACCORD ist ein Schritt in Richtung mehr Verbindlichkeit in globalen Zulieferketten, wenn auch die Umsetzung dieser Vereinbarung zwei Jahre nach ihrer Verabschiedung ausgesprochen schwierig bleibt. Insbesondere streiten die FabrikbesitzerInnen in Bangladesch und die internationalen EinkäuferInnen darüber, wer die Kosten zu tragen hat, wenn die Untersuchungen nach dem ACCORD-Standard ergeben, dass Nachbesserungen an der Gebäudestruktur und bei der Feuersicherheit vonnöten sind.

2. Die Forderung nach der Schaffung neuen Rechts

Angesichts der bestehenden Defizite bei der Durchsetzung von Menschenrechten fordern viele Menschenrechtsorganisationen umfassende Rechtsreformen auf nationaler wie internationaler Ebene.

Aufgrund von tiefer Skepsis gegenüber den UN-Leitprinzipien haben Vertreter von Staaten aus dem globalen Süden mit der Unterstützung von Nichtregierungsorganisationen eine Arbeitsgruppe beim UN-Menschenrechtsrat eingesetzt, die erneut über eine internationale Konvention mit verbindlichen Regelungen für Unternehmen berät. Das Ergebnis der Debatte ist derzeit nicht absehbar, weil die für eine erfolgreiche Einführung der Konvention unabdingbare Unterstützung der westlichen Staaten fehlt. Andere JuristInnen fordern die Einrichtung eines Weltmenschenrechtsgerichtshofs, vor dem auch Unternehmen verklagt werden können. Ebenso wird diskutiert, das Statut des Internationalen Strafgerichtshofes dahingehend zu verändern, dass Unternehmen wegen der Verletzung von Völkerstrafrecht von dem Gerichtshof abgeurteilt werden können. All diese Initiativen sind wichtig und richtungsweisend, denn sie zielen auf die Stärkung der Menschenrechte und ihrer Durchsetzungsmechanismen ab. Bis dahin wird es aber lange Auseinandersetzungen in den UN-Gremien geben.

Parallel hierzu nutzen viele Menschenrechtsorganisationen die UN-Leitprinzipien, um die Regierungen zur Regulierung von Unternehmen und besseren Haftungsregelungen auf nationaler Ebene zu drängen. Denn die UN-Leitprinzipien bieten mit dem Hinweis auf die staatliche Pflicht zur Bereitstellung effektiver, auf den Schutz gerichteter Rechtsmittel tatsächlich einen Ansatzpunkt, um solche weitgehenden Reformen zu verlangen. Verschiedene europäische Regierungen sahen sich insofern dazu veranlasst, einen Aktionsplan zur Umsetzung der UN-Leitprinzipien aufzustellen. Die Bundesregierung organisiert einen aufwändigen Diskussionsprozess zwischen VertreterInnen der verschiedenen Bundesministerien, Gewerkschaften, Wirtschaftsverbände und aus der Zivilgesellschaft zur Entwicklung eines »Nationalen Aktionsplans Wirtschaft und Menschenrechte«. Zum jetzigen Zeitpunkt erscheint es fragwürdig, ob die Bundesregierung damit über ihren CSR-Diskurs hinausgehen wird, der auf freiwillige Initiativen zur Förderung von verantwortungsvollem Unternehmenshandeln beschränkt war. Auch wenn die Verantwortung von Unternehmen für Menschenrechtsverletzungen im Ausland erstmals breiter in verschiedenen Bundesministerien und von zivilgesellschaftlichen Akteuren diskutiert wird, scheint der politische Wille zu fehlen, gesetzliche Regulierungen zu finden. Es ist zu befürchten, dass die Bundesregierung die Gesetzeslage nicht grundlegend verbessern und den Betroffenen keinen effektiven Zugang zu deutschen Gerichten ermöglichen wird.

Reformbestrebungen sollten insbesondere bestehende nationale Verfahren stärken. Das OECD-Beschwerdeverfahren muss einheitlicher, fairer und transparenter gestaltet werden. Der Feststellung, dass OECD-Leitsätze verletzt wurden, müssen Sanktionen folgen. So sollte den Nationalen Kontaktstellen in schweren Fällen gestattet werden, Unternehmen von der Außenwirtschaftsförderung auszuschließen. Die Einhaltung von Verabredungen im Rahmen des Mediationsverfahrens muss ebenfalls von den Kontaktstellen überprüft werden.

Auf internationaler Ebene sollte die Jurisdiktion des Internationalen Strafgerichtshofes auf Unternehmen als juristische Personen erweitert werden. Außerdem würde eine klare völkerrechtliche Festlegung unmittelbarer menschenrechtlicher Pflichten von Unternehmen vielen Betroffenen zu mehr Rechtssicherheit verhelfen. Denn damit wäre ein Schritt zu einem besser austarierten Gleichgewicht zwischen den Rechten von Unternehmen nach dem Wirtschaftsvölkerrecht und ihren menschenrechtlichen Pflichten vollzogen.

Im Strafrecht ist es notwendig, dass Staatsanwaltschaften durch ausreichende Fortbildungen und angemessene Ressourcenausstattung überhaupt in die Lage versetzt werden, komplexe Sachverhalte mit Auslandsbezug und Unternehmensstrukturen zu ermitteln. Längst überfällig ist auch, dass Deutschland ein Unternehmensstrafrecht einführt. Bis heute gehört Deutschland zu einem der wenigen Staaten Europas, in dem Unternehmen nicht strafrechtlich verantwortlich sind. In jedem Fall müssten die Staatsanwaltschaften das verfügbare Instrumentarium im Ordnungswidrigkeitenrecht ausschöpfen. Im Übrigen ist zu diskutieren, ob die bestehenden Konzepte der Geschäftsherrenhaftung auf die Haftung leitender ManagerInnen im transnationalen Konzern zu übertragen sind, ohne dass strafrechtliche Haftung in unangemessener Weise ausgeweitet wird.

Im Zivilrecht müssten sowohl die Vorschriften des Prozessrechts geändert als auch die Haftung der Konzernspitze für Tochter- und Zulieferbetriebe bestimmt werden. Um der bereits beschriebenen organisierten Verantwortungslosigkeit globaler Produktionsnetzwerke entgegenzuwirken, ist es notwendig, die menschenrechtlichen Sorgfaltspflichten der Konzernleitung in Bezug auf Tochter- und Zulieferbetriebe gesetzlich zu definieren. In Frankreich und in der Schweiz gibt es bereits entsprechende Gesetzesinitiativen. Eine solche Regelung des Haftungsumfangs der Muttergesellschaften transnationaler Konzerne würde es den KlägerInnen ermöglichen, besser abzuschätzen, ob sie eine erlittene Rechtsverletzung erfolgreich vor einem Gericht geltend machen können. Bisher schützt das nationale Zivilrecht in aller Regel Gesundheit, Leben, Eigentum und Freiheit. Notwendig wäre es aber, dass der Zugang zu natürlichen Ressourcen ebenso geschützt ist. Außerdem sollte wegen ausbeuterischer Arbeitsbedingungen eine Entschädigung gezahlt werden, auch wenn sie keine unmittelbaren Gesundheitsschäden nach sich ziehen. Im Zivilprozess sollten kollektive Klagemöglichkeiten für große Gruppen von Geschädigten geschaffen werden, sogenannte Sammelklagen, die dem anglo-amerikanischen Recht ähnlich sind. Erste Ansätze dazu gibt es bereits im Verbraucherrecht.

Mit den hier vorgeschlagenen Rechtsreformen wäre noch nicht garantiert, dass die von Menschenrechtsverletzungen durch Unternehmen Betroffenen die erlittenen Schädigungen effektiv einklagen könnten. Verfahren werden durch eine Reihe von sozialen und politischen Faktoren beeinflusst, die unabhängig von der konkreten Gesetzeslage wirken. Immerhin würden die Änderungen die gröbsten Hürden für Betroffene beheben und ihnen die Wahl einräumen, ob und welchen rechtlichen Weg sie einschlagen wollen, um ihre Verluste geltend zu machen. Wie im Folgenden gezeigt wird, können solche Rechtsverfahren für die Betroffenen wie auch für die Gesellschaft, in der sie leben, eine Bedeutung haben, die über das konkrete Rechtsverfahren weit hinausgeht.

»*Dieser Prozess besteht darin, die Rechte der Menschen und Bürgerinnen fortlaufend neu zu deuten, fortlaufend zu erweitern, Zug um Zug zu verwirklichen und darin das ›Recht auf Rechte‹ auszuüben, in dem die Menschen gleichursprünglich und gleichrangig ihre Gleichheit und Freiheit ausdrücken. Das so verstandene Menschen- und Bürgerinnenrecht kann […] immer nur das Resultat eines offenen Prozesses der Selbstermächtigung sein: als gleiches Recht aller auf Selbstermächtigung zu Freiheit.*«

Thomas Seibert

VII. Unsere Prozesse gegen transnationale Unternehmen und ihre juristischen, politischen und sozialen Wirkungen

Die Übersicht über derzeit laufende Verfahren ergibt ein mitunter widersprüchliches, unübersichtliches Bild: Das internationale Menschenrechtssystem stellt eher einen Flickenteppich dar. Die international anerkannten Menschenrechte schützen die Menschen zwar normativ vor Wirtschaftsinteressen, im Rechtsvollzug spielen die politischen und wirtschaftlichen Machtverhältnisse jedoch eine entscheidende Rolle.

Dennoch lässt diese Diagnose viele zivilgesellschaftliche Akteure weltweit nicht grundsätzlich am Potential der Menschenrechte zweifeln. Vielmehr verstehen sie, trotz all der Widersprüche und Niederlagen, die solche Prozesse mit sich bringen, die Berufung auf Rechte im Allgemeinen und auf die Menschenrechte im Speziellen als sinnvolles Mittel ihrer sozialen Kämpfe. In unserer Arbeit schließen wir an diese Praxis der globalisierungskritischen Bewegung an. Die Berufung auf Rechte kann als Teil der Emanzipation und des Widerstandes gegen Ungerechtigkeit begriffen werden und hat das Potential für gesellschaftliche Veränderungen. Der letztendliche Ausgang eines Verfahrens ist zwar nicht unerheblich, sollte aber nicht das einzige Kriterium für Erfolg sein.

Nachfolgend wollen wir dies an Verfahren zu den Gewerkschaftermorden in Argentinien in den 1970er und in Kolumbien in den 2000er Jahren sowie an den Klagen wegen des Brands einer Textilfabrik in Pakistan von 2012 beschreiben. Wir haben diese Fälle ausgewählt, weil wir hier miterleben konnten, wie die Betroffenen die Aufarbeitung betrieben und sich organisiert haben. Zudem tangieren diese Fälle zwei wichtige Problemfelder, in denen Unternehmen mit Menschenrechten in Konflikt geraten: die Kooperation mit repressiven Regimen und den Umgang mit gewaltförmigen Konfliktlagen sowie das systemische Problem schlechter Arbeitsbedingungen in globalen Zuliefernetzwerken.

1. Systemische Hintergründe für ausbeuterische Arbeitsbedingungen

Die Ausbeutung von ArbeiterInnen in Landwirtschaft und Industrie ist seit jeher eines der Merkmale kapitalistischer Produktion, die immer wieder in Repression mündet sowie grausame Industrieunfälle verursacht. Anders als es die eurozentrische Wahrnehmung nahelegt, ist in vielen Weltregionen der Kreislauf von Ausbeutung und Unterdrückung nie abgerissen. So auch im südasiatischen Pakistan, einem Land mit bis heute starken Feudalstrukturen. Oft ist die Schwäche lokaler Gewerkschaften eine der Ursachen für verheerende Arbeitsbedingungen. Dies lässt sich in Argentinien während der Militärdiktatur ebenso wie in Pakistan beobachten, und auch im kolumbianischen Bürgerkrieg sind GewerkschafterInnen bis heute Ziele paramilitärischer und staatlicher Angriffe.

Die argentinische Militärdiktatur ließ nach dem Putsch im März 1976 bis 1982 30 000 Oppositionelle verschwinden und gestaltete das Land ökonomisch wie politisch um. Im Einklang

mit der auf dem ganzen lateinamerikanischen Kontinent ange-
wandten Doktrin der nationalen Sicherheit sollte der Weg für
neoliberale Politik freigemacht werden. Von einer Gesellschaft
mit geschwächten Betriebsräten und Gewerkschaften verspra-
chen sich die Junta und ihre Unterstützer aus der Wirtschaft
weniger Widerstand. Daher wurden in den Industriezentren
des Landes, in der Hauptstadt und der Provinz Buenos Aires,
in Córdoba, Rosario und La Plata, sowie in den Agrarzentren
des Nordens, Jujuy und Tucumán, in den Monaten nach dem
Putsch gewerkschaftliche Strukturen zerschlagen und zahlreiche Führungspersönlichkeiten verschleppt und ermordet.

In Kolumbien wurden in den letzten drei Jahrzehnten an
die 3000 GewerkschafterInnen ermordet, so viele wie in kei-
nem anderen Land der Welt. Dabei gehört es zur Rhetorik der
Paramilitärs und der mit ihnen kooperierenden Großgrund-
besitzer und Unternehmer, gewerkschaftliche Arbeit als Aktivitäten der im Land sehr starken Guerillagruppen FARC und
ELN zu diffamieren. Unverblümt wird die gewaltsame Verfolgung all jener, die sich für Menschen- und Arbeitsrechte einsetzen, als Maßnahme zum Schutz der nationalen Sicherheit
und wirtschaftlicher Interessen gerechtfertigt.

Auch in Pakistan unterdrückte die Militärdiktatur unter
General Zia-ul-Haq in den 1980er Jahren die Gewerkschafts-
bewegung, wenn auch nicht so massiv wie in Argentinien. Die
Zia-Regierung verfolgte die AnführerInnen der Arbeiterbewegung systematisch und erließ eine Reihe gesetzlicher Regelungen, die Gewerkschaftsarbeit bis heute stark einschränken.
Die ab Ende der 1980er Jahre auf Zia folgenden Regierungen
haben diese Gesetze nicht geändert, sondern die Marktlibe-
ralisierung auf Druck des IWF vorangetrieben und damit die
Gewerkschaften weiter geschwächt.

Transnationale Unternehmen profitieren von solchen Politiken, denn die Ausschaltung der Gewerkschaften und die
Außerkraftsetzung von Arbeitsschutz ermöglicht kostengünstige Produktion. Bereits während der Nürnberger Prozesse wurde deutlich, wie eng Unternehmen und Regime

zusammenarbeiten können: Unternehmen passen sich regelmäßig nicht nur problemlos an die Bedingungen einer Diktatur an, sondern verstehen es, das repressive Vorgehen des Regimes für sich zu nutzen. Auf diese Weise sind sie zum Teil aktiv an den Verbrechen der Regierung und des Militärs beteiligt und nutzen die sich daraus ergebenden Möglichkeiten, etwa durch den Einsatz von Zwangsarbeit während des Zweiten Weltkrieges. Dies lässt sich auch an der Rolle der großen Konzerne während der argentinischen Militärdiktatur beobachten.

2. Die Gewerkschaftermorde in Argentinien und Kolumbien

Die Fälle Mercedes Benz und Ford

In Argentinien wird den beiden Automobilunternehmen Mercedes Benz und Ford vorgeworfen, sich an der Repression gegen Gewerkschafter beteiligt zu haben. Aus dem Mercedes-Benz-Werk in González Catán bei Buenos Aires verschwanden in den Jahren 1976 und 1977 14 Betriebsräte. Bei Ford wurden 24 Gewerkschafter in Buenos Aires auf dem Werksgelände festgenommen, gefoltert und erst nach Wochen freigelassen. Das Management von Ford soll dem Militär zuvor personenbezogene Daten wie Fotos, Personalakten und private Adressen der festgenommenen Mitarbeiter weitergereicht und so bei deren Identifizierung geholfen haben. Zudem gestattete das Unternehmen die Errichtung eines Befragungs- und Folterzentrums auf dem eigenen Fabrikgelände. Während die Mitarbeiter vom Militär festgehalten wurden, forderte Ford sie in einem Schreiben auf, ihre Arbeit wieder aufzunehmen. Da sie dieser Aufforderung nicht nachkommen konnten, wurden sie kurzerhand entlassen.

Nach dem Ende der Diktatur ab 1983 spielten die zielgerichtete Verfolgung der Arbeiterbewegung und speziell die

Fälle Mercedes Benz und Ford in der öffentlichen Wahrnehmung ebenso wenig eine Rolle wie im Diskurs der argentinischen Menschenrechtsbewegung. Erst 1999 deckte die deutsche Journalistin Gaby Weber den Fall der verschwundenen Gewerkschafter bei Mercedes Benz auf. Basierend auf ihren Recherchen erstatteten im September 1999 die Angehörigen der Verschwundenen Strafanzeige bei der Staatsanwaltschaft Nürnberg-Fürth gegen den ehemaligen Produktionschef von Mercedes Benz Argentinien, Juan Tasselkraut, unter anderem wegen Beihilfe zum Mord an dem Gewerkschafter Diego Núñez. Sie warfen dem deutsch-argentinischen Doppelstaatsbürger Tasselkraut vor, im Beisein des später selbst verschleppten Gewerkschaftsaktivisten und überlebenden Zeugen Héctor Ratto der Polizei am 12. August 1977 die Adresse von Núñez übergeben zu haben. In der darauffolgenden Nacht wurde Núñez dort festgenommen und in das Folterlager »Campo de Mayo« verschleppt, bis heute fehlt jede Spur von ihm. Die Staatsanwaltschaft stellte nach mehrjährigen Ermittlungen das Verfahren gegen Tasselkraut im November 2003 mangels hinreichenden Tatverdachts ein, weil sie der Auffassung war, dass aus dem endgültigen Verschwinden von Núñez nicht zwingend folge, dass er ermordet worden sei.

Trotz dieser juristischen Niederlage beeinflusste das deutsche Ermittlungsverfahren die Wahrnehmung der Gewerkschafterverfolgung während der Diktatur. So beschäftigten sich in der Folge die argentinischen Medien zunehmend mit dem Thema. Ehemalige Gewerkschafter von Mercedes Benz schlossen sich aufgrund des Prozesses neu zusammen, organisierten öffentliche Proteste gegen die Mercedes Benz AG und berichteten auf Veranstaltungen über ihr Schicksal. Der Fall wurde in Argentinien und Lateinamerika zum Paradigma für die Beteiligung eines transnationalen Unternehmens an den Menschenrechtsverletzungen einer Diktatur. Die Familienangehörigen erreichten, dass in Buenos Aires Gedenkplaketten für die verschwundenen Gewerkschafter angebracht wurden, die die Erinnerung an ein bis dahin in der Öffentlichkeit wenig sichtbares Kapitel der Militärdiktatur aufrechterhielten.

Gleichzeitig weiteten die Betroffenen die Verfahren zur Aufarbeitung der Gewerkschaftermorde aus. Parallel zu dem damals noch andauernden Ermittlungsverfahren in Deutschland erstatteten die Angehörigen der Verschwundenen im Oktober 2002 in Buenos Aires eine Strafanzeige gegen Mercedes Benz Argentinien. Darin wurde das Unternehmen beschuldigt, gemeinsam mit dem ehemaligen Arbeitsminister, der korrupten Automobilgesellschaft und den Militärs eine kriminelle Vereinigung mit dem Ziel gebildet zu haben, engagierte Gewerkschafter zu beseitigen. Weiterhin strengten die Familienangehörigen sowie die überlebenden Gewerkschafter 2004 eine Schadensersatzklage nach dem Alien Tort Claims Act gegen die damalige Daimler Chrysler AG an. Diese wurde nach mehrjährigen Auseinandersetzungen über die Zuständigkeit 2014 endgültig abgewiesen.

Im argentinischen Verfahren kam die Staatsanwaltschaft 2007 zu dem Schluss, dass Mercedes Benz Argentinien an den untersuchten Verbrechen beteiligt gewesen sei. Da allerdings Unternehmen als juristische Personen nach argentinischem Strafrecht nicht strafbar sind und wegen der unzureichenden Dokumentation des Geschehens individuelle Verantwortliche nicht identifizierbar seien, stellte sie das Verfahren auf Bundesebene ein und verwies den Fall an das Provinzgericht von San Martín. Dort ist die Sache seit Jahren anhängig. Probleme bereitet insbesondere das Fehlen konkreter Tatnachweise gegen einzelne leitende Mitarbeiter.

Der Mercedes-Benz-Fall, der erstmals die Rolle der großen Unternehmen während der Militärdiktatur in der öffentlichen Diskussion thematisierte, droht also ergebnislos zu verlaufen. Dagegen kamen die strafrechtlichen Ermittlungen gegen mehrere leitende Angestellte von Ford voran. Im März 2013 durchsuchte die Staatsanwaltschaft die Ford-Niederlassung in Buenos Aires und lud drei Verdächtige zum Verhör. Im Mai

2013 bestätigte die zuständige Richterin die Anklage gegen die drei Männer wegen direkter Teilnahme an illegaler Freiheitsberaubung und Folter und eröffnete ein förmliches Verfahren gegen sie. Um eine Untersuchungshaft zu umgehen, mussten sie eine Kaution hinterlegen. Inzwischen wurden die wegen Mordes an Ford-Gewerkschaftern angeklagten Militärs verurteilt. Das Verfahren gegen die drei verdächtigen Manager ist noch anhängig, ohne dass bisher ein Urteil ergangen wäre. Ob dieses Verfahren also tatsächlich mit einer Verurteilung enden wird, ist bis heute ungewiss.

Der Fall Ledesma

Die rechtliche Aufarbeitung der Diktaturverbrechen in der Hauptstadt Buenos Aires sind seit fast einer Dekade in vollem Gange. In der argentinischen Provinz Jujuy, nahe der Grenze zu Chile und Bolivien, sah es jedoch zunächst anders aus. Insbesondere die Vorwürfe gegen den größten argentinischen Konzern, den Zuckerhersteller Ledesma, wegen der Beteiligung an Regimeverbrechen wurden nur schleppend ermittelt. Dem Unternehmen und insbesondere seinem Chef, Carlos Pedro Blaquier, wird Kooperation mit der Militärjunta vorgeworfen. Im Zentrum der Vorwürfe gegen Blaquier steht seine Rolle während der sogenannten »Nacht des Stromausfalls«. Am Abend des 20. Juli 1976 ließ Ledesma das betriebseigene Kraftwerk abschalten, das die gesamte Region mit Strom versorgte. Begünstigt vom Stromausfall und ausgerüstet mit Lastwagen des Unternehmens nahmen Militär- und Polizeieinheiten in einem Umkreis von fünfzig Kilometern Hunderte Gewerkschafter und Oppositionelle fest. Einige der Lastwagen, in denen die Personen mitgenommen wurden, waren mit dem Unternehmenslogo von Ledesma gekennzeichnet. Zudem sollen mehrere Fahrer zur Belegschaft von Ledesma gehört haben. Bis heute sind 55 der festgenommenen Personen verschwunden. Das prominenteste Opfer war der Arzt Luis

Arédez, der immer wieder auf die gesundheitlichen Folgen der Zuckerrohrproduktion für ArbeiterInnen und die örtliche Bevölkerung hingewiesen hatte.

In Jujuy begann die Aufarbeitung erst 2012, nachdem die Regierung Kirchner zumindest einen alten Richter durch einen jungen ersetzt hatte. Obwohl die Ereignisse mittlerweile Jahrzehnte zurückliegen, ergeben sich nun neue Ermittlungsansätze. Betroffene, die nie zuvor angehört wurden, tragen neue Anhaltspunkte und Beweise vor, die bekannte Verdachtsmomente erhärten. Selbst bislang nicht bekannte Fälle von Verschwundenen werden aufgedeckt. Bei einer Durchsuchung der Geschäftsräume des Unternehmens Ende April 2012 wurden unter anderem Spionageberichte über später verschwundene Gewerkschafter entdeckt – wichtige Indizien und Beweismittel für die Feststellung der strafrechtlichen Verantwortlichkeit des Managements für die in Rede stehenden Verbrechen. Daher bestätigte der Ermittlungsrichter die Anklage gegen den Ledesma-Chef sowie dessen ehemaligen Geschäftsführer wegen der Beteiligung an illegalen Festnahmen in 29 Fällen. Doch das konservativ besetzte Revisionsgericht entschied im März 2015, dass das vorliegende Beweismaterial nicht ausreiche, um einen Tatverdacht gegen die Angeklagten zu begründen. Es sei nicht belegt, dass diese von den Plänen der Sicherheitskräfte gewusst hätten, die Betroffenen verschwinden zu lassen. Nun muss das Oberste Gericht Argentiniens entscheiden. Der Verfahrensverlauf zeigt, dass auch im zuletzt relativ progressiven politischen Klima Argentiniens der Aufklärung der Unternehmensbeteiligung an Diktaturverbrechen weiterhin große Hindernisse entgegenstehen. Noch ist nicht abzusehen, wie sich der Regierungswechsel im Dezember 2015 auf die juristischen Verfahren auswirken wird; da der neue Präsident Macri jedoch selbst Unternehmer ist und eine unternehmerfreundliche Politik betreiben will, dürften sich für die hier angesprochenen Prozesse eher weitere Blockaden auftun. Die Solidarität der internationalen Zivilgesellschaft mit der argentinischen

Menschenrechtsbewegung ist insofern wichtig, um ein Gegengewicht zu den lokalen Interessengruppen auf Unternehmerseite zu schaffen.

Der Fall Nestlé in Kolumbien

In Argentinien und Chile dauerte es zwanzig bis dreißig Jahre, bis die Diktaturen der 1970er Jahre rechtlich aufgearbeitet wurden. In Kolumbien geht es um jüngere Ereignisse und die noch immer andauernde Gewalt. Der Bürgerkrieg in Kolumbien fordert seit Jahrzehnten zahlreiche Opfer, insbesondere in der Zivilbevölkerung. In den letzten beiden Dekaden wurden allein Zehntausende GewerkschafterInnen ermordet. Einer von ihnen, Luciano Romero, ehemaliger Mitarbeiter der kolumbianischen Nestlé-Tochter Cicolac, wurde am 10. September 2005 von Paramilitärs entführt, gefoltert und ermordet. Diesem Verbrechen waren wiederholte Todesdrohungen vorausgegangen, die im Zusammenhang mit einem langjährigen Arbeitskonflikt zwischen der Gewerkschaft Sinaltrainal und Cicolac standen. Die Gewerkschaft hatte diese Todesdrohungen gegen ihre Mitglieder stets dem Nestlé-Tochterunternehmen in Kolumbien sowie dem Mutterkonzern in der Schweiz gemeldet. Anstatt angemessene Schutzmaßnahmen zu ergreifen, verleumdeten lokale Nestlé-Manager Romero sowie seine Kollegen als vermeintliche Mitglieder der Guerilla. Solche Verleumdungen bedeuten im Kontext des kolumbianischen Bürgerkriegs eine erhebliche Bedrohung, quasi die Nominierung für eine Todesliste. Doch das Nestlé-Management in der Schweiz unternahm nichts, um die Drohungen und Diffamierungen durch die Konzerntochter zu unterbinden und Romero zu schützen. Im November 2007 verhängte ein Strafgericht in Bogotá wegen seiner Tötung Freiheitsstrafen gegen die direkten Täter aus den Kreisen der Paramilitärs. Das Gericht betonte in der Urteilsbegründung, dass Nestlé eine entscheidende Rolle bei diesem Verbrechen gespielt habe, die ebenfalls strafrechtlich zu untersuchen sei, und ordnete diesbezügliche Ermittlungen an. Diesem Beschluss kamen die kolumbianischen Strafverfolgungsbehörden jedoch nie nach.

Damit wollten sich die Vertreter seiner Gewerkschaft sowie das kolumbianische Anwaltskollektiv CAJAR nicht abfinden und reichten im März 2011 eine Strafanzeige gegen leitende Mitarbeiter von Nestlé sowie gegen das Unternehmen selbst bei der Schweizer Staatsanwaltschaft ein. Diese wirft den Nestlé-Managern vor, es pflichtwidrig unterlassen zu haben, den Mord an Romero zu verhindern oder jedenfalls angemessene Maßnahmen zu seinem und zum Schutz der anderen Gewerkschafter getroffen zu haben. Mit Urteil vom 21. Juli 2014 lehnte das Schweizer Bundesgericht diese Beschwerde jedoch mit der Begründung ab, die Straftaten seien verjährt. Da das Bundesgericht und anschließend der Europäische Gerichtshof für Menschenrechte das Verfahren aus formellen Gründen beendeten, blieb die maßgebliche Frage nach der strafrechtlichen Verantwortlichkeit des Unternehmens für die Ermordung des Gewerkschafters weiterhin unbeantwortet.

Dieses Verfahren war insofern paradigmatisch, als es in der Schweiz erstmals die Frage der Unternehmensstrafbarkeit nach Artikel 102 des schweizerischen Strafgesetzbuchs in Fällen von Menschenrechtsverletzungen aufwarf. Diese Norm sanktioniert Unternehmen dann, wenn individuelle Verantwortliche für eine im Zusammenhang mit dessen Aktivitäten begangene Straftat aufgrund einer mangelhaften internen Organisation nicht ermittelt werden können. Das Unternehmen wird also bestraft, weil sein interner Aufbau eine wirksame strafrechtliche Verfolgung verhindert. Selbst wenn die Klage abgewiesen wurde, konkretisierte das Bundesgericht immerhin die Anforderungen an die Konzerne dahingehend, dass diese für »eine klare Beschreibung und Verteilung von Zuständigkeiten und Verantwortungen« sowie »konkrete und namentliche Arbeitspläne« sorgen müssen. Erneut sind wir mit einer juristischen Niederlage konfrontiert. Dennoch hat der Fall in der Schweiz und unter Menschenrechtsorganisationen – trotz der anfänglichen Skepsis – Debatten darüber ausgelöst, wie weit die Verantwortung Schweizer Konzerne für Menschenrechtsverletzungen im Ausland reichen soll. Bei den Diskussionen über eine Gesetzesinitiative zur Einführung gesetzlicher Sorgfaltspflichten, die von Unternehmen die Beachtung von Menschenrechten verlangen, griffen ParlamentarierInnen wie AktivistInnen in ihren Begründungen auch auf den Fall von Luciano Romero zurück.

3. Die tödlichen Arbeitsbedingungen in den Zulieferfabriken der globalen Textilindustrie

Bei den Gewerkschaftermorden in Argentinien und Kolumbien lässt sich gut begründen, warum hier internationales Strafrecht angewendet werden muss: Sie wurden im Kontext von Verbrechen gegen die Menschlichkeit verübt, weshalb man mit dem Präzedenzfall Nürnberg argumentieren kann. Um die von übermäßigen und schlecht bezahlten Überstunden, unzureichenden hygienischen Zuständen und sexuellen Übergriffen gegenüber ArbeiterInnen gekennzeichneten Arbeitsbedingungen in der südasiatischen Textilindustrie vor Gericht zu bringen, bedarf es nach dem aktuellen Recht tödlicher Fabrikunfälle. So brannten beispielsweise im September und November 2012 zwei Textilfabriken in Pakistan und Bangladesch ab, wobei über 350 Menschen starben. Dann stürzte im April 2013 der Gebäudekomplex Rana Plaza in einem Vorort von Dhaka, der Hauptstadt von Bangladesch, ein. Hier kamen 1 113 ArbeiterInnen ums Leben und mehr als 2 000 Menschen wurden schwer verletzt. Innerhalb von acht Monaten verloren mithin 1 500 Menschen in Pakistan und Bangladesch ihr Leben bei der Produktion von Kleidung, die für den europäischen und nordamerikanischen Markt bestimmt war.

Häufig wird von diesen Fabrikunfällen als Tragödien gesprochen und suggeriert, dass es unvermeidbare Unfälle gewesen seien. Dabei ist das Gegenteil der Fall. Als das Feuer am 11. September 2012 in der Ali-Enterprises-Fabrik in Karachi ausbrach, waren die Fenster mit Eisengittern verriegelt, und auch die wenigen Notausgänge ließen sich nicht öffnen. Den ArbeiterInnen blieb als Fluchtweg lediglich der Hauptausgang. Über 250 Menschen war es unmöglich, das Gebäude rechtzeitig zu verlassen, sie starben in den Flammen, erstickten oder ertranken im Löschwasser, das sich im Untergeschoss sammelte.

Diese Menschen hätten nicht sterben müssen, wären grundlegende Vorschriften des Brandschutzes eingehalten worden. Aber die zuständigen Stellen im pakistanischen Arbeitsministerium hatten nicht die ausreichenden Kapazitäten, um die Sicherheitsstandards in den vielen Fabriken im industriellen Zentrum zu kontrollieren. Die Ali-Enterprises-Fabrik war wie viele andere Fabriken nicht einmal bei den zuständigen Behörden registriert. Der pakistanische Staat unternimmt wenig, um diesem Missstand abzuhelfen. Die Mängel bei der Durchsetzung bestehender Arbeitssicherheitsgesetze sind nicht zuletzt auf die Strukturanpassungsprogramme des IWF in den 1980er und 1990er Jahren zurückzuführen, die auch Pakistan dazu anhielten, die staatlichen Institutionen zu verschlanken und Personal abzubauen, was sich bis heute auswirkt. Gleichzeitig interessieren sich weder die pakistanische Regierung noch die UnternehmerInnen für den Schutz ihrer ArbeiterInnen. In der Millionenstadt Karachi gibt es viele Menschen, die dringend Beschäftigung suchen, sodass die Einzelnen leicht austauschbar sind und sich auch für schlecht bezahlte Arbeit unter problematischen Bedingungen immer Interessenten finden. Zudem ist die Arbeiterschaft kaum organisiert, nur ein Bruchteil der pakistanischen TextilarbeiterInnen ist Mitglied einer Gewerkschaft.

Und doch ist das Desaster von Karachi nicht allein ein pakistanisches Problem, sondern auch Folge der globalen Vernetzung der Wirtschaftsprozesse: Der Hauptabnehmer der Produktion von Ali Enterprises war zwischen 2007 und 2012 der deutsche Textildiscounter KiK. Die »KiK Textilien und

Non-Food GmbH« mit Sitz in Böhnen wurde 1994 von Stefan Heinig zusammen mit der Unternehmensgruppe Tengelmann gegründet. Das Kürzel KiK steht für »Kunde ist König«, das Unternehmen gilt als größte deutsche Textildiscount-Kette mit über 3200 Filialen in verschiedenen mittel- und osteuropäischen Ländern. Ein KiK-Manager bestätigte nach dem Brand in einem Spiegel-Interview, dass Ali Enterprises durch die Geschäftsbeziehung zu KiK »groß« geworden sei. Denn die Produktion für KiK beanspruchte mindestens 70 Prozent der Kapazitäten von Ali Enterprises.[4] Das Unternehmen war also massiv wirtschaftlich abhängig von seinem deutschen Auftraggeber. Für KiK war die abgebrannte Fabrik in Karachi allerdings nur einer von über 500 Zulieferern.

Angesichts der hohen Zahl an Todesopfern des Ali-Enterprises-Brands sah sich KiK in moralischer Bedrängnis und zahlte zunächst eine Million US-Dollar Soforthilfe an die Hinterbliebenen der getöteten ArbeiterInnen. Doch eine rechtliche Verantwortung streitet das Unternehmen bis heute vehement ab. Dieser Fall belegt die oben geschilderten Zweifel an CSR: Denn KiK ließ die Fabrik zwischen 2007 und 2011 viermal durch eine Auditfirma überprüfen, unter anderem auf die Einhaltung von Höchstarbeitszeiten, das Verbot von Kinderarbeit und auf Brandschutz. Nach diesen Berichten gab es zwar ein Problem mit exzessiven Überstunden, woran trotz der offenkundigen Verletzung des Verhaltenskodex von KiK niemand bei KiK Anstoß nahm. Der Brandschutz hingegen wurde von den Prüfern 2011 als einwandfrei beurteilt. Zu demselben Ergebnis kam auch das italienische Zertifizierungsunternehmen RINA nur wenige Wochen vor dem Brand im Juli 2012. Dabei belegt der Umstand, dass die Fenster vergittert und die Notausgänge versperrt waren, dass

---

[4] Angaben von Michael Arretz, Geschäftsführer für Nachhaltigkeitsmanagement und Unternehmenskommunikation der KiK Textilien und Non-Food GmbH bis zum 30.04.2014, gegenüber Nils Klawitter, erschienen im Artikel ›Zuverlässiger Lieferant‹, in: *Der Spiegel*, Nr. 43, 22.10.2012.

keine ausreichende Vorsorge für den Fall eines Brandes getroffen worden war.

Welchen Wert haben Audits und Zertifizierungen zum Thema Arbeitsplatzsicherheit, wenn die ArbeiterInnen auf diese Weise sterben müssen? KiK aber wäscht seine Hände in Unschuld und behauptet, man hätte am Hauptsitz des Unternehmens in Böhnen nicht ahnen können, dass etwas nicht stimmt mit dem Brandschutz. So vollmundig sich KiK in seinen Nachhaltigkeitsberichten und gegenüber NGOs zum Schutz grundlegender Arbeitsrechte bekennt, so rigoros weist das Unternehmen eine rechtliche Verantwortung gegenüber den ArbeiterInnen mit Hinweis auf die Sozial-Audit-Berichte zurück. Nach dem Zusammensturz des Fabrikkomplexes tauchten auch hier Audit-Berichte auf. Unter anderem untersuchte der TÜV Rheinland für deutsche Textilunternehmen einzelne Herstellungsstätten im Rana-Plaza-Gebäude auf die Einhaltung von Sozialstandards. Keiner der bekannten Audit-Berichte wies darauf hin, dass das Gebäude marode war und ohne entsprechende statische Berechnungen und legale Baugenehmigung um zusätzliche Stockwerke erweitert worden war. Die Katastrophen von Karachi und Dhaka strafen das Geschäft mit den Sozial-Audits Lügen.

Globale Produktionsketten stellen sich in solchen Momenten einmal mehr als Systeme der organisierten Unverantwortung dar. Der Brand in Karachi und der Rana-Plaza-Einsturz sind soziale Folgen der Verschiebung von Produktionsprozessen der Textilindustrie aus West- und Mitteleuropa in den globalen Süden. Wie die meisten europäischen und nordamerikanischen Bekleidungsunternehmen produziert KiK die Kleidung nicht mehr selbst, sondern verfügt über ein weltweites, flexibles Netzwerk selbständiger Zulieferbetriebe. Von Auftrag zu Auftrag entscheiden die Unternehmen neu, an welche Fabrik Aufträge vergeben werden und zu welchen Bedingungen. Wenn innerhalb des festgesetzten Zeitraums die angeforderte Qualität zum gewünschten Preis nicht geliefert wird, geht der nächste Auftrag an einen der vielen Konkurrenten. In dem

Maße, wie Produktionsschritte flexibilisiert und die Möglichkeiten der Kontrolle und Einflussnahme auf verschiedene Akteure (lokale Fabriken, örtliche Arbeitssicherheitsbehörden,
AuditorInnen, internationale EinkäuferInnen) verteilt werden,
wird es immer schwieriger zu benennen, wer letztlich Verantwortung für die schwächsten Glieder der Zulieferkette, die ArbeiterInnen, trägt.

Genau das wollen nunmehr einige Betroffene tun. Die ArbeiterInnen und Hinterbliebenen, die wir auf unseren Reisen
nach Pakistan und Bangladesch kennenlernen konnten, un-
terscheiden sich stark von den Bildern der Berichterstattung
unmittelbar nach den dortigen Bränden und Gebäudeeinstür-
zen, die vor allem hilflose, verzweifelte Opfer und das Chaos
unzureichender Notversorgung zeigten. Jetzt fordern Betroffene, die sich zusammengeschlossen haben, Entschädigung
und Gerechtigkeit. Einzeln und in verschiedenen Gruppen
berichteten sie über ihre Schicksale und ihren Kampf um Gerechtigkeit.

Einer von ihnen, Mohammad Hanif, ist etwa 21 Jahre alt.
Er überlebte den Brand bei Ali Enterprises. Der schlanke jun-
ge Mann mit elegantem Haarschnitt arbeitete dort seit seinem
zehnten Lebensjahr. Als das Feuer ausbrach, half er mehreren
Menschen, dem Feuer zu entkommen, und überlebte mit einer schweren Rauchvergiftung und einigen Zerrungen. Hanif
war vor dem Brand Mitglied einer Tanzgruppe und träumte
von Engagements in Musikvideos nach Bollywood-Art. Wenn
er uns die Handy-Videos von seinen damaligen Auftritten
zeigt, strahlt der schüchterne Mann über das ganze Gesicht.
Doch seinen Traum vom Tanzen musste er begraben, weil er
in Folge der Rauchvergiftung unter einem stark reduzierten
Lungenvolumen leidet. Sobald er sich zu schnell bewegt, geht
ihm die Luft aus und seine Gelenke schwellen an. Zurzeit hat
er einen Job als Tagelöhner in einer anderen Textilfabrik. Hanif will gegen KiK vor Gericht ziehen, und das nicht nur, weil
er erheblich in seiner Fähigkeit eingeschränkt ist, für sich und
seine Frau den Lebensunterhalt zu verdienen. Denn es geht

ihm wie den anderen verletzt überlebenden ArbeiterInnen und den Angehörigen der Verstorbenen um mehr als um ihre persönliche Geschichte. Nichts wird die verlorenen Söhne, Töchter, Brüder, Schwestern oder Ehegatten wieder lebendig machen oder ihre Gesundheit wiederherstellen. Umso wichtiger ist es ihnen, für bessere Arbeitsbedingungen in Pakistan zu kämpfen und dafür, dass keiner der verantwortlichen Fabrikbesitzer oder Auftraggeber ohne Sanktion davonkommt. Dazu haben sie sich in der »Baldia Factory Fire Affectees Association« zusammengeschlossen. Wenn sie von ihrer Organisation sprechen, sind sie mit Stolz erfüllt und das persönliche Leid tritt in den Hintergrund. Das ist auch bei Saeeda Khatoon, der Vize-Präsidentin der Organisation, zu beobachten. Als wir im Herbst 2014 zum ersten Mal mit ihr über das Feuer sprachen, konnte sie kaum ihre Gedanken ordnen. Der Verlust ihres einzigen Sohns bedeutete für sie nicht nur den Verlust an ökonomischer Sicherheit, zugleich verlor sie den wichtigsten Menschen in ihrem Leben, der ihr Hoffnung und Zuversicht gab. Doch die Betroffenen kümmern sich umeinander, helfen einander, die Unterlagen für Sozialzuschüsse zu beschaffen und bei sonstigen Alltagsproblemen. Zusammen mit der Gewerkschaft »National Trade Union Federation« (NTUF) organisieren sie Demonstrationen und gehen gemeinsam in Fabriken, um ArbeiterInnen über ihre Rechte aufzuklären.

Engagierte pakistanische Anwälte vertreten die Interessen der Angehörigen im Strafverfahren gegen die Fabrikbesitzer vor pakistanischen Gerichten. Es ist nicht zuletzt diesen Anwälten zu verdanken, dass zum ersten Mal in der Geschichte Pakistans ein Fabrikbesitzer wegen eines Industrieunfalls für mehrere Monate in Untersuchungshaft sitzen musste. Letztlich wurden die beschuldigten Fabrikanten auf Kaution entlassen, und das Strafverfahren scheint nun im Sande zu verlaufen. Dennoch gelang es, über dieses Strafverfahren und die angeordnete Untersuchungshaft mehr als zwei Jahre lang die Ereignisse im öffentlichen Bewusstsein zu halten. So beschäftigten sich auch pakistanische KünstlerInnen mit dem Schicksal von

ArbeiterInnen im eigenen Land, was ungewöhnlich für eine feudal geprägte Klassengesellschaft wie Pakistan ist. Sie organisierten Ausstellungen im Gedenken an die Opfer des Ali-Enterprises-Brandes, und der bekannte Popstar Jawad Ahmad schrieb ein Lied für sie, das er landesweit aufführte.

Weiterhin wurde eine verwaltungsrechtliche Klage als Public Interest Litigation beim High Court of Sindh eingereicht. In dieser Klage machte unter anderem die Gewerkschaft NTUF geltend, dass die strafrechtlichen Ermittlungen auf die für die Inspektion von Textilfabriken verantwortlichen BeamtInnen, auf die Auditierungsfirma RINA und auf das einkaufende Unternehmen KiK auszuweiten seien.

Während unserer Besuche diskutierten wir mit der Organisation der Betroffenen über die Vorteile und Risiken von Klagen in Deutschland gegen KiK und gegen RINA in Italien. Vor allem die Frauen hakten nach, welche Bedeutung welcher mögliche Schritt haben könnte. Wir konnten keinen schnellen Erfolg und hohe Entschädigungssummen versprechen, sondern nur betonen, dass die Klagen rechtliches Neuland wären, sich über Jahre hinziehen und möglicherweise in einer juristischen Niederlage enden könnten. Dennoch nominierte die Gruppe zehn geschädigte Mitglieder, die symbolisch im Namen aller Betroffenen gegen KiK klagen sollten. Als wir nach den Beweggründen für diesen Schritt fragten, waren die Antworten eindeutig: Es ging ihnen um die Anerkennung des erlittenen Unrechts, um Gerechtigkeit und darum, dass die Folgen der Klagen andere Unternehmen abschrecken, damit sich ein solcher Fabrikbrand nie wieder ereignet.

Schließlich reichten Mohammad Jabir, Abdul Aziz Khan, Saeeda Khatoon und Mohammad Hanif am 12. März 2015, zweieinhalb Jahre nach dem Brand der Ali-Enterprises-Fabrik, der die einen das Leben ihrer Söhne und die anderen ihre Gesundheit gekostet hatte, Klage auf Entschädigung gegen KiK beim Landgericht Dortmund ein.

Gemäß internationalem Privatrecht wird die Klage nach dem Recht des Schadensortes, also dem pakistanischem Recht, entschieden. Das Landgericht Dortmund ist zweifelsohne zuständig für diese Klage, weil KiK seinen Hauptsitz im Landgerichtsbezirk Dortmund hat. Es ist jedoch nicht absehbar, ob es der Argumentation folgen wird, die auf Präzedenzfälle im pakistanischen und britischen Common Law verweist. Davon abgesehen wurde mit der Klage schon jetzt einiges erreicht: Sie hat die Debatte darüber, welche rechtliche Verantwortung deutsche und europäische Unternehmen für die Arbeitsbedingungen in Zulieferbetrieben zu tragen haben, auf die politische Agenda gesetzt. Die juristische Diskussion um die Haftung von Mutterbetrieben im Allgemeinen wurde ebenfalls mit der Klage angeheizt. Zudem gilt einmal mehr: Wenn die Klage aufgrund lückenhafter Gesetze verlorengehen sollte, wird für die Betrachtenden zumindest der konkrete Reformbedarf deutlich.

Nach unseren Erfahrungen haben derartige Verfahren erhebliche Bedeutung für die Betroffenen. Bereits die Vorbereitung einer Klage oder einer Strafanzeige hatte einen ermächtigenden Effekt, das Verfahren setzt Kräfte frei, selbst wenn die Konfliktlage verfremdet wird. Dies lässt sich sowohl in Argentinien als auch in Pakistan beobachten. Die Überlebenden und Hinterbliebenen erhalten die Gelegenheit, sowohl während der Vorbereitung als auch im eigentlichen Prozess ausführlich ihre Geschichte zu schildern. Sie können über die Schrecken der Folter oder die Lebensgefahr in der brennenden Fabrik berichten. Sie können ihre Angst und ihre Verzweiflung beschreiben und darstellen, was die Verstorbenen ihnen bedeuteten. Sie können erklären, welche materiellen und psychischen Schäden die Menschenrechtsverletzungen angerichtet haben. Dieser Akt des individuellen und kollektiven Erzählens und Aufschreibens, des Sammelns von Unterlagen, die das Erlebte beweisen, ist emotional bewegend und befreiend für die Betroffenen und verleiht ihnen spürbar Würde. Es steht ihnen jemand gegenüber, der zuhört und offiziell dokumentiert, was später in einem Gerichtsverfahren verwendet werden soll und somit das erlittene Unrecht belegt.

Zudem vernetzen sich anlässlich der lokalen wie transnationalen Gerichtsverfahren die Betroffenen untereinander und mit anderen Akteuren. In Karachi treffen sich die Mitglieder der »Affectees Association« regelmäßig, um über die neuesten Entwicklungen in ihren verschiedenen Klagen zu diskutieren. Diese Menschen waren vorher nicht organisiert, sie beziehungsweise ihre Angehörigen hatten lediglich den gleichen Arbeitsplatz. Durch die Brandkatastrophe wurden sie unfreiwillig zusammengebracht, nunmehr werden sie durch ihre Selbstorganisation zu selbstbewusst agierenden Akteuren, anstatt hilflose Opfer zu bleiben. So formulierte es auch Saeeda Khatoon, die in der Leitung der Betroffenengruppe eine wichtige, sinnstiftende Aufgabe gefunden hat.

Auch in Argentinien haben sich Gruppen der verfolgten Gewerkschafter durch die Fälle Ledesma, Ford und Mercedes Benz nach Jahren der Trennung wiedergetroffen. Seitdem neue Dokumente aufgetaucht sind, die belegen, dass die Unternehmer den Militärs Listen gewerkschaftlich aktiver Arbeiter übergaben, haben sich auch weitere Betroffene ermutigt gefühlt, als Zeugen aufzutreten.

Auch dort, wo die politischen Blockaden für juristische Verfahren wie in Argentinien zumindest teilweise wegfallen, bleibt das Bemühen um gerichtliche Aufklärung von Menschenrechtsverletzungen durch Unternehmen für die Betroffenen ein mühevoller Kampf auf allen Ebenen. Und er ist immer wieder von Rückschlägen gekennzeichnet.

In Argentinien beispielsweise stellen sich die Konzerne schützend vor ihre angeklagten Manager. Sie bezahlen Anzeigenkampagnen in den Zeitungen, engagieren teure und fähige StrafverteidigerInnen, die den zahlenmäßig unterlegenen und oft jungen OpferanwältInnen gegenüberstehen. Die Zeit haben sie ohnehin auf ihrer Seite. Sie nutzen jedes prozessuale Mittel, um die Prozesse so lange aufzuschieben, bis die angeklagten Manager zu alt, krank oder gar gestorben sind. Allzu oft fühlen sich die Überlebenden machtlos angesichts solcher juristischer Manöver. Was sie frustriert, ist die fehlende Möglichkeit, nach all den Jahren endlich vor Gericht auftreten und ihre Geschichte öffentlich darstellen zu können. Hier zeigt sich, wie bedeutsam das öffentliche Moment eines Strafprozesses für Betroffene und Gesellschaft sein kann.

In den argentinischen Verfahren ist es schwierig zu beweisen, dass der einzelne angeklagte Manager tatsächlich vorhatte, seine Gewerkschafter ans Messer zu liefern. Neben den rechtlichen Voraussetzungen dafür, fahrlässiges oder bedingt vorsätzliches Handeln nachzuweisen, liegt die Schwierigkeit der Beweisführung auch in den Annahmen der Justizbehörden darüber, welche Rolle Unternehmen in Militärdiktaturen wie in Argentinien generell hatten. Kein rechtliches Verfahren spielt sich im luftleeren Raum ab, jedes ist stets beeinflusst von den Ansichten der beteiligten Personen. Die Auffassung, dass Wirtschaftsakteure nur Geschäfte machen und nicht zu Verbrechen wie Folter oder Mord beitragen, ist trotz ihr entgegenstehender historischer und kriminologischer Forschung weit verbreitet. Die Annahme, dass Unternehmer grundsätzlich neutral und unpolitisch sind, wirkt sich auf die juristischen Bewertungen aus. Indizien für ein vorsätzliches oder grob fahrlässiges Handeln reichen dann nicht aus, die in Sparten klassischer Kriminalität wie dem Handel mit Betäubungsmitteln für die Erhebung einer Anklage genügen würden. Hier zeigt sich, dass Justizbehörden oft eine klare – aber defizitäre – Vorstellung davon haben, wie bestimmte Verbrechen begangen werden, und dass Unternehmer bestimmte Straftaten eben nicht begehen.

Im KiK-Fall liegt die Herausforderung darin, eine rechtliche Verantwortung des Unternehmens für ein Geschehen im weit entfernten Pakistan zu begründen. Rechtlich besteht – abgesehen vom Liefervertrag – wenig Verbindung zwischen Textilhandelsunternehmen und produzierender Fabrik: Zwei vermeintlich gleiche Vertragspartner tauschen Waren gegen Bezahlung entsprechend den vereinbarten Bedingungen aus. Aus zivilrechtlicher Perspektive gibt es daher nach konservativer Lesart kaum eine rechtlich relevante

Verpflichtung der einkaufenden gegenüber den produzierenden Unternehmen, die über die vertraglich festgelegte Transaktion hinausgeht – von einer Verantwortung der Einkäufer
für Arbeitnehmerbelange in der Produktion des Vertragspart-
ners ganz zu schweigen. Ökonomisch betrachtet üben aber
die einkaufenden Unternehmen Macht über ihre Produzent-
Innen aus und beeinflussen über Preis- und Lieferdruck und
Produktanweisungen auch die Arbeitsbedingungen. Aber
diese Machtbeziehung wird von der herrschenden Rechts-
auffassung bisher nicht erfasst. Insofern dient das System der
Zuliefernetzwerke sowohl der Auslagerung ökonomischer
Risiken, die mit industrieller Produktion einhergehen und
von den ZulieferInnen getragen werden müssen, als auch der
Diffusion und Externalisierung von Verantwortung. Doch bei
diesen Rechtsfragen bewegt sich etwas. Wie oben beschrieben
hat die britische Rechtspraxis progressive Haftungskonzepte
entwickelt, die eine Sorgfaltspflicht von Mutterkonzernen gegenüber den ArbeitnehmerInnen ihrer ausländischen Tochterunternehmen bejahen. Auch pakistanische Gerichte tragen
in einigen Entscheidungen modernen transnationalen Wirt-
schaftsstrukturen Rechnung und siedeln zivilrechtliche Verantwortung für die Tätigkeit von Tochterfirmen auch bei den
Mutterunternehmen an. Da Pakistan in der britischen Com-
mon-Law-Tradition steht, greifen wir auf diese progressive
Rechtsprechung zurück, um zu argumentieren, dass KiK für
die Folgen des Feuers bei Ali Enterprises haftet. Eine Position,
die von international anerkannten RechtswissenschaftlerInnen von der Universität Essex unterstützt wird.

4. Was bringt Veränderung?

Natürlich stellt sich trotz allem die Frage, ob hier beschriebene
Klagen tatsächlich Arbeitsbedingungen grundsätzlich verbessern können. GewerkschafterInnen und AktivistInnen, mit
denen wir in Pakistan und Bangladesch gesprochen haben,

beantworten dies unterschiedlich. Aufgrund der Komplexität der Zulieferketten und der Vielzahl beteiligter Akteure gibt es diverse Ansatzpunkte, und es ist schwer zu bestimmen, welcher am aussichtsreichsten ist: Welche Erwartungen sind an die eigenen Regierungen und die lokalen Industriellen zu richten? Was ist von den internationalen EinkäuferInnen zu fordern? Keiner will die internationalen Unternehmen aus der Verantwortung entlassen, denn sie machen den größten Profit und sollen daher für entstandene Schäden haften. Gleichzeitig sind die internationalen Firmen bedeutend für die Wirtschaft in Pakistan und Bangladesch. Die ArbeiterInnen wollen ihre Jobs nicht verlieren. Außerdem ist es den GewerkschafterInnen und AktivistInnen wichtig, dass die Unternehmen nicht in neokolonialer Manier ihre eigenen Standards geltend machen und mit Hilfe internationaler NGOs etablieren. Zudem sollen die nationalen Regierungen auch nicht aus ihrer Verantwortung entlassen werden, denn diese haben über Jahrzehnte hinweg die Arbeiterbewegung geschwächt und Schutzgesetze sabotiert. Die FabrikbesitzerInnen schieben gern alle Schwierigkeiten im Bereich der Arbeitsbedingungen und der Sicherheit auf den Preisdruck der internationalen EinkäuferInnen, der es ihnen nicht erlauben würde, in sichere Fabriken zu investieren und höhere Löhne zu zahlen. Die »Vereinigung der Textilwirtschaft« in Bangladesch zum Beispiel ist eine der einflussreichsten Lobby-Organisationen des Landes, die beständig gegen bessere Arbeitsschutzgesetze kämpft, und die Textilfabrikanten zählen zu den Reichsten ihres Landes.

Konsens besteht zwischen allen GesprächspartnerInnen darüber, dass es eine starke Arbeiterbewegung braucht und dass starke, demokratische Gewerkschaften unverzichtbar sind. Weiterhin braucht es internationale solidarische Kooperationen zwischen Gewerkschaften und Zivilgesellschaft in Südasien und dem globalen Norden. Dabei wollen die Betroffenen ernst genommen werden, sodass sie selbstbestimmt ihre Belange vertreten können und nicht als Objekt des professionalisierten Aktivismus internationaler Institutionen und NGOs untergehen. Daher ist und bleibt die dauerhafte Einbeziehung der unmittelbar Betroffenen und der lokalen Gewerkschaften in die Entwicklung der Kampagnen-Strategien eine der großen Herausforderungen für NGOs und internationale Organisationen.

Klagen wie jene gegen KiK können im Zusammenspiel mit anderen Initiativen und Aktionen dazu beitragen, dass sich Arbeitsrechte in globalen Zulieferketten besser durchsetzen lassen. Während die KiK-Klage vor allem die beteiligte pakistanische Gewerkschaft und die Organisation der Betroffenen unterstützt, indem sie ihnen lokal wie international zu Anerkennung verhilft, wirken andere Mechanismen eher international. Der oben beschriebene Bangladesh ACCORD bezieht zwar auch lokale Gewerkschaften mit ein, im Wesentlichen schafft er aber eine verbindliche internationale Vereinbarung zwischen den transnationalen Textilunternehmen und den internationalen Gewerkschaften unter der Aufsicht der ILO.

Ein verbindlicherer Rechtsrahmen für transnationale Unternehmen, auf Grundlage dessen sie zur Verantwortung gezogen werden können, würde auch gewerkschaftliche Organisation und Interessenvertretungen ermächtigen, sodass die Arbeiterschaft zukünftig leichter und repressionsfreier selbst politisch und juristisch für ihre Belange kämpfen könnte.

»Keine wirkliche Installierung der Menschenrechte ohne Ende der Ausbeutung, kein wirkliches Ende der Ausbeutung ohne Installierung der Menschenrechte.« Ernst Bloch

VIII. Die Forderung nach Accountability: Emanzipatorisches Potential des Rechts zur Stärkung der Menschenrechte gegen Wirtschaftsinteressen

Die Literatur zur Weltwirtschaftskrise nach 2008 und zur aktuellen Eurokrise ist fast unüberschaubar. Nicht wenige der Essay- und Gesprächsbände stellen gleich im Titel die Systemfrage. So fragten Immanuel Wallerstein und andere »Stirbt der Kapitalismus?«, Tomáš Sedláček und David Graeber sprachen über »Revolution oder Evolution« und spekulierten ebenfalls über das »Ende des Kapitalismus?«. Andere beschäftigen sich mit gesellschaftlichen Alternativen wie einer auf Commons basierenden Wirtschaft oder dem Konzept des im Einklang zwischen Mensch und Natur stattfindenden »guten Lebens«, Buen Vivir, und wie die Transformation dorthin zu bewerkstelligen ist.

Denken wir also hier zu positivistisch und pragmatisch, wenn wir den Wert des Rechts und dessen emanzipatorisches Potential unterstreichen, obwohl wir oft genug betonen, dass viele der geschilderten Menschenrechtsverletzungen, die vor Gericht verhandelt werden, systemische Ursachen haben?

Sicherlich bedarf die Verwirklichung globaler sozialer Menschenrechte, etwa auf Wasser und Nahrung, Wohnraum und medizinische Versorgung sowie menschenwürdige Arbeitsbedingungen und Gewerkschaftsfreiheit, struktureller Veränderungen der Weltwirtschaft. Einzelne Urteile gegen Unternehmen oder deren Manager reichen hier nicht aus. Um die grundlegenden Rechte durchzusetzen, müssen Akteure auf vielen Ebenen agieren. Eine dieser Ebenen sollte der Kampf um das Recht sein – der im globalen Süden stattfindet, getragen von den dortigen Organisationen, dem brasilianischen MST, der südafrikanischen Antiprivatisierungs-Koalition und den indischen MenschenrechtsanwältInnen. Unterstützt werden sie dabei von der globalisierungskritischen Solidaritätsbewegung und der Menschenrechtsbewegung aus dem Norden. Foren für diese Kämpfe sind alle erreichbaren, also auch die internationalen juridischen Instanzen und Gerichte des Nordens. Grundsätzliche Kritik an der aktuellen Weltwirtschaft, das Nachdenken und Diskutieren über Alternativen und unser konkretes Handeln im Einzelfall müssen sich also nicht widersprechen, sondern können sich im Sinne konkreter Utopien ergänzen. Unsere konkrete Utopie schließt an die Vision der Gerechtigkeit an und an deren Anknüpfungspunkt im geschriebenen Recht.

In den letzten Jahrhunderten haben gesellschaftlich Benachteiligte das Recht und darauf basierende Ansprüche immer wieder zur Durchsetzung ihrer sozialen und wirtschaftlichen Ansprüche genutzt. Die Bewegung des 19. Jahrhunderts in England und anderswo gegen die Sklaverei verband Forderungen nach politischer und sozialer Gleichstellung mit Vorschlägen zur Reform des Rechts und dem Gang vor Gerichte in paradigmatischen Einzelfällen. Auch die deutsche Arbeiterbewegung bediente sich der Ressource Recht, um politisch angestrebte oder bereits erkämpfte Forderungen verfassungs- und arbeitsrechtlich abzusichern.

Die aktuellen Bewegungen und deren AnwältInnen wählen gemeinsam mit Betroffenen und deren Organisationen gezielt Fälle aus, die exemplarisch für ein menschenrechtliches Problem stehen und anhand derer eine menschenrechtliche Forderung gerichtlich anerkannt und durchgesetzt werden soll – sogenannte strategische Menschenrechtsklagen, auch juristische Interventionen genannt. Dabei können auch juristische Niederlagen durchaus als Interventionen in politische und rechtliche Realitäten dienen und mittel- bis langfristig zu politischen Siegen beitragen. Denn sie problematisieren soziale, politische oder wirtschaftliche Ungerechtigkeiten, entlarven die Rechtswirklichkeit als unerträglich, setzen öffentliche Debatten in Gang und stoßen politische und rechtliche Veränderungen an. Natürlich bedarf es für diese Art des Erfolges von Menschenrechtsklagen bestimmter gesellschaftlicher und rechtspolitischer Voraussetzungen, etwa eines funktionierenden Rechtssystems und günstiger politischer Konstellationen – und natürlich aktiver sozialer Bewegungen und Organisationen von Betroffenen. In Situationen völliger Rechtlosigkeit und Repression können auch rechtliche Verfahren nur schwer emanzipatorische Wirkung entfalten, obwohl gerade in solchen Situationen die Berufung auf die Menschenrechte wichtiger Bestandteil freiheitlicher Kämpfe sein kann.

Die Bedeutung des juristischen Vorgehens im Kampf um die Geltung der Menschenrechte und um menschenwürdige Lebensbedingungen sollte also weder über- noch unterschätzt werden. Häufig nehmen internationale Menschenrechtsorganisationen wie auch national und regional agierende JuristInnen eine affirmative und positivistische Haltung zum Recht ein: Zu schnell wird bei einem gewonnenen Prozess von einem Sieg der Menschenrechte gesprochen. Ob und was ein Gerichtsurteil an der Situation der Geschädigten und Betroffenen ändert, beziehungsweise ob und wie ein Richterspruch die zukünftige Geltung der Menschenrechte fördert, wird zu selten kritisch hinterfragt.

Daher müssen die diversen Kritiken am Recht ernst genommen werden: Der Berufung auf das Recht wohnt unzweifelhaft ein Paradox inne. Die Nutzung von Normen, die von einer von mehrfachen strukturellen Ungleichheiten durchzogenen Gesellschaft generiert worden sind, kann das System stärken, dem gegenüber eigentlich eine Emanzipation durchgesetzt werden soll. Das Recht ist Ausdruck und

Absicherung bestehender Herrschaftsverhältnisse. Gerade über das nationale wie internationale Zivil- und Wirtschaftsrecht stabilisieren die dominierenden Segmente der Gesellschaft ihre Besitz- und Austauschverhältnisse sowie ihre patriarchalisch-heterosexuellen Lebensverhältnisse. Die komplexen institutionellen Strukturen, die zu Rechtsverletzungen führen, bleiben in juristischen Auseinandersetzungen allzu oft versteckt. Denn es ist für den juridischen Diskurs typisch, dass er sich auf konkrete Handlungen einzelner Personen beschränkt und strukturelle Ungerechtigkeiten ausklammert.

Zudem stellt sich die Frage, wie ein Gerichtsurteil Betroffenen helfen kann. Meist kommt das Recht zu spät, oft ergeht das Urteil erst nach vielen Jahren, und selbst im Falle des Obsiegens kann es kaum das Ausmaß des erlittenen Unrechts widerspiegeln, geschweige denn wiedergutmachen. Bereits das Einleiten eines Prozesses stellt für die KlägerInnen angesichts der Kontinuitäten in Polizei- und Militärapparaten häufig ein hohes Risiko für Leib und Leben sowie für die Psyche dar. Sie müssen sich mit ihren Erlebnissen exponieren, sich als ZeugInnen den Regeln der Verfahren unterwerfen und gegen oft immer noch mächtige Täter vorgehen, während der Prozess in der Regel einen ungewissen Ausgang hat. Zudem verfremdet Recht die politischen und sozialen Konfliktlagen und abstrahiert diese. Rechtliche Erwägungen und Entscheidungen missachten die Gefühlslage der Geschädigten, selbst wenn ein juristisch befriedigendes Ergebnis erzielt wird.

Dennoch gewähren das Recht und die Berufung auf Rechte den gesellschaftlich Benachteiligten auch Sicherheit und ein gewisses Maß an Freiheit. Neben seinen beschriebenen stabilisierenden Aspekten bietet das Recht nämlich auch die Chance, Machtverhältnisse etwa zwischen ArbeitgeberInnen und ArbeitnehmerInnen, zwischen den Geschlechtern oder zwischen Zivilgesellschaft und Staat in Frage zu stellen und zu verschieben. Nach Wolfgang Abendroth können gesellschaftliche Kämpfe ums Recht als emanzipatorische Kämpfe um Teilhabe begriffen werden, und ein bestimmter Stand von Gesetzgebung und rechtlicher Praxis als Ausdruck eines die Gesellschaft befriedenden (Klassen-)Kompromisses. Die jedem juristischen Verfahren innewohnende Verengung und Beschränkung des Sachverhaltes stellt auch eine Chance dar: Das Gerichtsverfahren ermöglicht es, ein strukturelles menschenrechtliches Problem in Form eines Einzelfalles zu thematisieren, wodurch es – auch medial – besser vermittelt werden kann. Einer breiteren Öffentlichkeit kann ein Missstand exemplarisch vor Augen geführt und eine konkrete Rechtsverletzung unter Umständen besser skandalisiert werden – zumal wenn sich die Diskussion nicht auf den Ausgang des Prozesses beschränkt, sondern diesen zum Anlass nimmt, ein Problem in seiner Tiefe zu betrachten. Dabei kann deutlich gemacht werden, dass es sich bei der erlittenen Menschenrechtsverletzung nicht allein um einen politisch, sozial oder moralisch kritikwürdigen Zustand handelt. Vielmehr ist Recht verletzt und damit eine Grenze überschritten worden: Der Unrechtsgehalt der begangenen Tat oder Taten ist nicht mehr frei verhandel- oder interpretierbar, sondern muss vor der dafür zuständigen Stelle, zumeist vor einem Gericht, verhandelt werden. Auch für die Überlebenden und Betroffenen von Menschenrechtsverletzungen kann bereits das juristische Verfahren eine große Bedeutung haben. Sie können sich – sofern sie aktiv an der Gestaltung des Verfahrens beteiligt sind – aus der Rolle der passiven Objekte befreien, die in ihrer Verfahrensrolle als ZeugInnen nicht umfassend zu Wort kommen oder deren Aussagen von den AnwältInnen der Gegenseite demontiert werden.

In den Prozessen können sie aber – bei guter Vorbereitung und Begleitung – ihre Stimme und ihre Sprache wiedergewinnen, kann dem Narrativ der Gewalt ihr eigenes entgegengesetzt werden – dasjenige des Überlebens, des Widerstandes und der Utopie. Aus diesem Grund bemühen wir uns auch, den Begriff »Opfer« und die damit einhergehende Festschreibung auf eine passive Rolle zu vermeiden. Die Überlebenden und Betroffenen können eine Verletzung ihrer

Rechte vor einer unabhängigen Instanz geltend machen und damit ihr häufig verlorenes Recht auf Rechte behaupten. Sofern Menschenrechtsklagen als Teil einer größeren Strategie verstanden und von sozialen Akteuren in eine gesellschaftliche Auseinandersetzung getragen werden, können sie einen wichtigen Beitrag zur kollektiven Aufarbeitung geschehenen Unrechts leisten. Die Bedeutung der Menschenrechte kann durch ein Gerichtsverfahren öffentlich bestätigt werden und das Urteil wirtschaftliche und soziale Menschenrechte weiterentwickeln. Die Zukunft transnationaler Klagen im Menschenrechtsbereich ist schwer vorhersehbar.

Doch unabhängig von der grundsätzlichen Auffassung, die man zum Verhältnis von Recht zur Politik und zur Macht vertreten mag, ist die Ausnutzung rechtlicher Mittel in gesellschaftlichen Veränderungsprozessen, aber auch in Abwehrkämpfen unumgänglich. Um mit Letzterem zu beginnen: Wo Menschen ermordet, gefoltert, illegal inhaftiert, ausgebeutet, abgeschoben oder politisch angeklagt werden, benötigen sie juristischen Beistand. Je professioneller und effizienter dieser organisiert ist, desto erfolgversprechender wird diese Unterstützung sein, zumal wenn politische Gruppen und Bewegungen ihn organisieren. Recht ist hier also ein notwendiges Instrument, gebraucht mitunter von der einen Seite zur Kriminalisierung von Protesten und Widerständen – wie von der anderen zur Verteidigung individueller wie kollektiver Freiräume etwa bei MenschenrechtsverteidigerInnen oder Gewerkschaften.

Inwieweit juristische Interventionen helfen können, gesellschaftliche Missstände wie systematische Menschenrechtsverletzungen zu überwinden, also das Recht auch offensiv genutzt werden kann, hängt von den gesellschaftlichen Umständen ab. Anders als viele rechte und linke ZynikerInnen vertreten wir die Position, dass der Einsatz juristischer Mittel in mehr oder weniger strategischer Weise politischen und sozialen Kämpfen zur Durchsetzung universeller Menschenrechte einen zusätzlichen Impuls verleihen kann. Reale und diskursive Räume können auf diese Weise (wieder-)besetzt werden. Gerade in Europa lässt sich viel von den sozialen Bewegungen aus dem globalen Süden lernen, die ein pragmatisches, differenziertes Rechtsverständnis und eine politische Praxis entwickelt haben, die weit über unseren derzeitigen Diskussionsstand hinausgehen.

Leseempfehlungen

Statt unseren LeserInnen einen Fußnotenapparat an die Hand zu geben, der angesichts der Vielzahl der abgehandelten Themen sehr umfangreich ausfallen würde, beschränken wir uns auf Leseempfehlungen zu den einzelnen Kapiteln.

Kapitel I

Alain Badiou: www.zeit.de/2015/17/utopie-alain-badiou-theatre-de-la-commune-paris-hoersaal

Kapitel II

Die Klassiker von Elmar Altvater, Birgit Mahnkopf, James Fulcher, Naomi Klein, Joseph Stiglitz und Jean Ziegler

Sven Beckert, *King Cotton*, München 2014

Ha-Joon Chang, *Kicking away the Ladder: Development Strategy in Historical Perspective*, London 2002

Gary Gereffi, ›Global Value Chains in a Post-Washington Consensus World‹, in: *Review of International Political Economy* 21/1 (2014), S. 9–37

International Labour Organization, *World Employment and Social Outlook – Trends 2015*, Genf 2015

IW Consult, *Globale Kräfteverschiebung. Wo steht die deutsche Industrie in der Globalisierung?*, Berlin 2015

Kapitel III

Oxford Handbook on CSR, Oxford 2009

Gisela Burckhardt, *Todschick: Edle Labels, billige Mode – unmenschlich produziert*, München 2014

John Hollaway, *Die Welt verändern, ohne die Macht zu übernehmen*, Münster 2010

Richard Locke/Fei Qin/Alberto Brause, *Does Monitoring Improve Labor Standards? Lessons from Nike*, Harvard University 2006

John Morrison, *The Social License. How to Keep Your Organization Legitimate*, Basingstoke 2014

Dinah Rajak, *In Good Company: An Anatomy of Corporate Social Responsibility*, Stanford 2011

Ulrike Röttger (Hg.), *PR-Kampagnen. Über die Inszenierung von Öffentlichkeit*, Wiesbaden, 4. Aufl. 2009

Kapitel IV

Antony Anghie, ›Die Evolution des Völkerrechts: Koloniale und postkoloniale Realitäten‹, in: *Kritische Justiz* 1/2009, S. 49–63

Sonja Buckel, *Subjektivierung und Kohäsion. Zur Rekonstruktion einer materialistischen Theorie des Rechts*, Weilerswist, 2. Aufl. 2015

B. S. Chimni, ›Critical theory and international economic law: a third world approach to international law (TWAIL) perspective‹, in: John Linarelli (Hg.), *Research Handbook on Global Justice and International Economic Law*, Cheltenham 2013, S. 251–273

Sonja Buckel / Ralph Christensen / Andreas Fischer-Lescano (Hg.), *Neue Theorien des Rechts*, Stuttgart 2006

Andreas Fischer-Lescano/Kolja Möller, *Der Kampf um globale soziale Rechte*, Berlin 2012

Christoph Menke/Francesca Raimondi (Hg.), *Die Revolution der Menschenrechte*, Frankfurt a. M. 2011

Moritz Renner, ›Transnationale Wirtschaftsverfassung‹, in: *Rabels Zeitschrift für ausländisches und internationales Privatrecht* 78/2014, S. 750–783

Makau Mutua, ›Savages, Victims, and Savior: The Metaphor of Human Rights‹, in: *Harvard International Law Journal* 42/2001, S. 201–245

Kapitel V

Richard Meeran, ›Tort Litigation against Multinational Corporations for Violation of Human Rights: An Overview of the Position outside the United States‹, in: *City University of Hong Kong Law Review* 3/2011, S. 1–41

Florian Jeßberger/Wolfgang Kaleck/Tobias Singelnstein (Hg.), *Wirtschaftsvölkerstrafrecht*, Baden-Baden 2015. Hier auch Artikel von Ingeborg Zerbes

Kim Christian Priemel/Alexa Stiller (Hg.), *NMT: Die Nürnberger Militärtribunale zwischen Geschichte, Gerechtigkeit und Rechtschöpfung*, Hamburg 2013

Miriam Saage-Maaß/Leander Beinlich, ›Das Ende der Menschenrechtsklagen nach dem Alien Tort Statute?‹, in: *Kritische Justiz* 2/2015, S. 146–158

Brot für die Welt/Misereor/ECCHR (Hg.), *Unternehmen zur Verantwortung ziehen. Erfahrungen aus transnationalen Menschenrechtsklagen*, Aachen/Berlin 2014

Kapitel VI

Britta Utz, *Update oder Upgrade? Eine Bilanz zur Revision der OECD – Leitsätze für multinationale Unternehmen*, Berlin 2011

CorA-Netzwerk für Unternehmensverantwortung / Forum Menschenrechte (Hg.), *Positionspapier. Wirtschaft und Menschenrechte – Erwartungen an einen deutschen Aktionsplan*, Berlin 2013

Kapitel VII

Laurent Gayer, *Karachi: Ordered Disorder and the Struggle for the City*, Oxford 2014

Wolfgang Kaleck, *Kampf gegen die Straflosigkeit: Argentiniens Militärs vor Gericht*, Berlin 2010

Thomas Seibert, Konferenzbeitrag unter https://www.medico.de/blog/artikel/konferenz-beyond-aid-menschenrechte-verwirklichen-menschenrechte-deuten/

Kapitel VIII

Wolfgang Abendroth, *Das Grundgesetz*, Pfullingen 1966, und *Antagonistische Gesellschaft und politische Demokratie*, Neuwied / Berlin 1967

Ernst Bloch, *Naturrecht und menschliche Würde*, Frankfurt a. M. 1961

Liste der angesprochenen juristischen Verfahren

Da wir angesichts der angestrebten Kürze des Textes wenig auf Details der hier abgehandelten Fälle eingehen, nachfolgend die genaue Bezeichnung und jeweils eine Quellenangabe für diejenigen, die die Lektüre vertiefen wollen.

Fälle, an denen das ECCHR in Berlin beteiligt ist:

Zu allen ECCHR-Verfahren finden sich weitere Informationen unter http://www.ecchr.eu/de/unsere-themen/wirtschaft-und-menschenrechte.html.

Deutsches Ermittlungsverfahren im Zusammenhang mit den ermordeten Gewerkschaftern von Mercedes Benz Argentinien gegen dessen ehemaligen Produktionschef Juan Tasselkraut auf Anzeige von Wolfgang Kaleck vom 27. 9. 1999
Wolfgang Kaleck, ›Die verschwundenen Gewerkschafter von Mercedes Benz Argentina‹, in: *Juridikum* 3/2011, S. 343–351

Schweizer Ermittlungsverfahren gegen leitende Mitarbeiter von Nestlé sowie das Unternehmen selbst im Zusammenhang mit dem Mord am Gewerkschafter Luciano Romero auf Anzeige des ECCHR und der kolumbianischen Gewerkschaft Sinaltrainal vom 5. 3. 2012
Claudia Müller-Hoff/Thomas M. Schmidt, ›Strafanzeige gegen Nestlé – Ein Präzedenzfall für menschenrechtliche Haftung von Unternehmen?‹, in: *Juridikum* 3/2012, S. 261–269

Deutsches Ermittlungsverfahren gegen einen leitenden Mitarbeiter der Danzer Group wegen Menschenrechtsverletzungen in der Demokratischen Republik Kongo auf Anzeige des ECCHR und Global Witness vom 23. 4. 2013
ECCHR, ›Sondernewsletter Strafanzeige gegen leitenden Mitarbeiter der Danzer Group. Verantwortung für Menschenrechtsver-

letzungen in der Demokratischen Republik Kongo‹, 25.4.2013 verfügbar unter http://www.ecchr.eu/de/unsere-themen/wirtschaft-und-menschenrechte/danzer.html?file=tl_files/Dokumente/Wirtschaft%20und%20Menschenrechte/Danzer%2C%20 Sondernewsletter%2C%202013-04-25.pdf

Deutsches Ermittlungsverfahren wegen des Herbeiführens einer Überschwemmung im Sudan gegen zwei leitende Angestellte des Ingenieurbüros Lahmeyer International GmbH auf Anzeige des ECCHR vom 30.10.2004
Informationen zum Verfahren sind verfügbar unter: http://www.ecchr.eu/de/unsere-themen/wirtschaft-und-menschenrechte/lahmeyer.html

Schadensersatzklage Überlebender und Hinterbliebener der Brandkatastrophe vom 11.9.2012 in der Textilfabrik Ali Enterprises in Karachi (Pakistan) gegen den Textildiscounter KiK, eingereicht am 13.3.2015
Miriam Saage-Maaß, ›KiK: Blut an den Kleidern‹, in: *Blätter für deutsche und Internationale Politik* 6/2015, S. 25–28

Beschwerde gegen TÜV Rheinland bei der Business Social Compliance Initiative wegen der Zertifizierung einer im Rana-Plaza-Gebäude produzierenden Firma kurz vor dessen Einsturz
ECCHR, ›Mehr Show als Sicherheit: Audits und Zertifikate in der Textilindustrie‹, Juni 2015, verfügbar unter http://www.ecchr.eu/de/unsere-themen/wirtschaft-und-menschenrechte/arbeitsbedingungen-in-suedasien/bangladesch-tuev-rheinland.html?file=tl_files/Dokumente/Wirtschaft%20und%20Menschenrechte/Fallbeschreibung_TUeV%20Rheinland_RanaPlaza_20150707.pdf

Schadensersatzklagen nach dem Alien Tort Claims Act in den USA:

Doe versus Unocal, Schadensersatzklage von 1996 gegen das US-Unternehmen Unocal wegen der Beteiligung an Zwangsarbeit und anderen Menschenrechtsverletzungen in Burma
Cheryl Holzmeyer, ›Human Rights in an Era of Neoliberal Globalization: The Alien Tort Claims Act and Grassroots Mobilization in Doe v. Unocal‹, in: *Law & Society Review* 43/2009, S. 271–304

Wiwa et al. versus Royal Dutch Petroleum et al., Schadensersatzklage von 1996 gegen Shell wegen der Beteiligung an der Ermordung von Ken Saro-Wiwa und anderen Aktivisten
Sebastian U. Kalicha, ›Ideen sterben nicht. Ken Saro-Wiwa und der
    gewaltfreie Widerstand der Ogoni in Nigeria‹, in: *Graswurzelrevolu-
    tion* 322, Oktober 2007

Kiobel versus Royal Dutch Petroleum Co., Schadensersatzklage
von 2002 gegen Shell wegen der Beteiligung an der Ermordung
von Barinem Kiobel und anderen durch nigerianische Sicherheitskräfte begangenen Menschenrechtsverletzungen
Miriam Saage-Maaß/Leander Beinlich, ›Das Ende der Menschen-
    rechtsklagen nach dem Alien Tort Statute?‹, in: *Kritische Justiz* 48
    (2) 2015, S. 146–158

In re South African Apartheid Litigation, verschiedene Schadensersatzklagen von Betroffenen des südafrikanischen Apartheidregimes
gegen acht US-amerikanische, europäische und deutsche Unternehmen seit 2005
Miriam Saage-Maaß, ›Geschäft ist Geschäft? Zur Haftung von Unter-
    nehmen wegen der Förderung staatlicher Menschenrechtsverlet-
    zungen‹, in: *Kritische Justiz* 43 (1) 2010, S. 54–61

Europäische Fälle:

Niederländisches Strafverfahren wegen Beihilfe zu Kriegsverbrechen und Völkermord gegen den Unternehmer Frans Cornelis Adrianus van Anraat, rechtskräftig verurteilt seit 2009

Anhängiges niederländisches Strafverfahren gegen den Unterneh-
mer Guus Kouwenhoven wegen Beihilfe zu Kriegsverbrechen in
Liberia und Verletzungen von Waffeneinfuhrbestimmungen
Wolfgang Kaleck, ›Die Verantwortung von Unternehmen und Unter-
    nehmern für Völkerrechtsverbrechen – die Entwicklung seit den
    Nürnberger Prozessen‹, in: Jeßberger/Kaleck/Singelnstein (Hg.),
    Wirtschaftsvölkerstrafrecht. Ursprünge. Begriff. Praxis. Perspektiven, Ba-
    den-Baden 2015, S. 90–92

Klage nigerianischer Bauern gegen Shell vor britischen Gerichten
»Bodo Community versus Shell Plc«
Peter Frankental, ›Settlement Involving Niger Delta Fishermen Lea-
ves Shell More Exposed Than Ever‹, 12.1.2015, siehe: http://
www.ihrb.org/commentary/niger-delta-fishermen-shell-settle-
ment.html

Klage südafrikanischer Arbeiter wegen Asbestosis vor britischen
Gerichten
Richard Meeran, ›Tort Litigation against Multinational Corporations
for Violation of Human Rights: An Overview of the Position Outside the United States‹, in: *City University of Hong Kong Law Review*,
3/1 (2011)

Klage nigerianischer Bauern gegen Shell vor niederländischen Gerichten
http://business-humanrights.org/eu/shell-lawsuit-re-oil-pollution-
in-nigeria

Verfahren in Ländern des globalen Südens:

PUCL versus Union of India & others, Verfahren zum Recht auf
Nahrung vor dem indischen Supreme Court seit April 2001
FIAN-Gruppe Berlin, ›Der Kampf um das Menschenrecht auf Nahrung in Indien‹, 16.9.2005, verfügbar unter http://www.suedasi-
en.info/analysen/668

Mazibuko versus City of Johannesburg, Verfahren zum Recht auf
Wasser in Südafrika, entschieden vom südafrikanischen Verfassungsgericht am 8.10.2009
Romin Khan, ›Zwischen Ware und Verfassungsrecht. Wasser in Südafrika‹, in: *WeltTrends* 57 (2007/8), S. 79–91

Danksagung

Simon Rau gilt unser Dank für die Beschaffung und Durchsicht umfangreicher Materialien. Unseren KollegInnen vom European Center for Constitutional and Human Rights (ECCHR) sind wir dankbar für die Zusammenarbeit in den Fällen gegen transnationale Unternehmen (u. a. Mercedes Benz Argentinien, Nestlé, Lahmeyer Sudan, KiK Pakistan).

Susanne Schüssler und Lena Luczak danken wir für den Anstoß zu diesem Projekt und die Begleitung desselben. Für die kritische Kommentierung danken wir Andreas Fischer-Lescano, Carsten Gericke, Christian Schliemann, Thomas Seibert, Carolijn Terwindt und Hanns Wienhold. Ingrid Thienel-Saage sind wir dankbar für die gründliche Korrektur des Textes.

Wolfgang Kaleck, Rechtsbeistand von Edward Snowden in Deutschland, ist Mitbegründer und Generalsekretär der juristischen Menschenrechtsorganisation (ECCHR). Seit 2011 ist er PEN-Mitglied und erhielt 2014 den Hermann-Kesten-Preis.

Miriam Saage-Maaß ist promovierte Rechtsanwältin und Vice Legal Director beim ECCHR, wo sie das Programm »Wirtschaft und Menschenrechte« leitet. Sie hat unter anderem an Verfahren gegen Unternehmen wie KiK, Lidl oder gegen Baumwollhandelsunternehmen wegen Zwangskinderarbeit in Usbekistan gearbeitet.

Lesen Sie weiter

Wolfgang Kaleck   Mit zweierlei Maß
Der Westen und das Völkerstrafrecht
Am 1. Juli 2012 wurde der Internationale Strafgerichtshof in Den Haag zehn Jahre alt. Doch die Hoffnungen auf eine universale Strafverfolgung von Menschheitsverbrechen wurden enttäuscht. Die Praxis internationaler und nationaler Gerichte muss deswegen verändert werden.
Reihe Politik. Gebunden. 144 Seiten

Wolfgang Kaleck   Kampf gegen die Straflosigkeit
Argentiniens Militärs vor Gericht
Argentinien als Modell für die Aufarbeitung von Gewaltverbrechen in Diktaturen: das erfolgreiche Zusammenwirken einer kämpferischen Menschenrechtsbewegung und der internationalen Strafjustiz.
Reihe Politik. Broschiert. 128 Seiten

Patrizia Nanz und Claus Leggewie   Die Konsultative
Mehr Demokratie durch Bürgerbeteiligung
Noch viel zu selten, aber immer häufiger findet eine breite und tiefgehende Konsultation der Bürgerschaft statt, bevor Gesetze entwickelt und beschlossen werden. Wir sind mittendrin in der Beteiligungsrevolution. Denn nur mit der Weisheit der Vielen können die drängenden Fragen der Zukunft gelöst werden.
Reihe Politik. Broschiert. 112 Seiten

Wenn Sie mehr über die Reihe Politik bei Wagenbach, den Verlag oder seine Bücher wissen möchten, schreiben Sie uns eine Postkarte oder E-Mail (mit Anschrift und E-Mail-Adresse). Wir verschicken immer im Herbst die *Zwiebel*, in der wir Ihnen unsere neuen Bücher vorstellen. *Kostenlos!*

Verlag Klaus Wagenbach   Emser Straße 40/41   10719 Berlin   www.wagenbach.de